성공투자를 위한
선한투자의 법칙

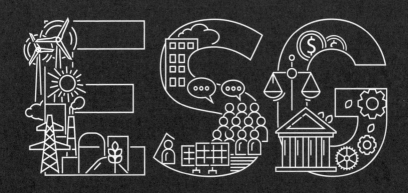

성공투자를 위한
선한투자의 법칙

ESG가 돈이 되는 순간

홍기훈 지음

ENVIRONMENT   SOCIAL   GOVERNANCE

21세기북스

ESG는 지금 이 순간 가장 뜨겁게 떠오르는 투자의 화두다. 하지만 ESG를 정확히 이해하고 이야기하는 사람은 드물다. 환경(Environmental) 보호에 도움이 되도록 경영하고, 사회적(Social) 가치가 있는 일을 하며, 거버넌스(Governance)를 두루 잘해내는 기업이 좋다는 것, 그리고 이 세 가지가 금융과 관련이 있다는 정도로만 알고 있는 이들이 많은 듯하다.

그러나 금융은 투자, 수익률, 자금 조달 등을 논하는 분야다. 어떻게 금융과 이런 ESG가 상관이 있을 수 있는지, 언뜻 이해하기 어려운 것이 사실이다. 도대체 환경을 깨끗하게 하는 기업과 수익률이 무슨 관계가 있다는 것일까?

ESG라는 개념을 처음 접한 사람이라면, 기업의 입장에서 볼 때 환경 보호와 사회적 가치, 거버넌스라는 키워드가 '수익'이 아닌 '비용'에 해당되는 게 아닌가 싶은 생각이 먼저 들 것이다. 그러다 보니 개념을 이해하려다 보면 다음과 같은 순환 논리에 빠지기 쉽다.

ESG를 잘하는 기업은 수익률이 높다. ESG는 환경적, 사회적으로 좋은 일을 한다는 걸 뜻한다.

→ 기업은 왜 주주들의 자금을 사용해 환경적으로, 사회적으로 좋은 일을 해야 하는가?

→ 주주들의 의식 수준이 높아져서 그런 기업에 투자를 하고 싶어 하기 때문이다.

→ 그렇다면 선한 투자와 높은 수익률은 무슨 관련인가?

우리가 기업에 투자하는 이유는 수익을 얻기 위해서다. 주식 투자를 하는 사람이라면 누구나 이 명제에 공감할 수 있을 것이다. 그럼 우리가 투자한 기업이 환경을 보호하는 데 자금을 사용한다고 상상해보자. 그렇게 되면 환경 보호에 자금만 소모가 될 뿐, 거기서 수익이 발생하지는 않는다.

주주가 좋아하려면 수익률이 높아야 하는데, ESG 자체는 수익률을 올려주는 키워드를 갖고 있지 않은 것이다. 그렇게 꼬리를 물고 논리가 흘러가다 보면, 결국 본질이 흐려지고 윤리적인 이야기로 빠지게 된다.

이 책에서는 'ESG'와 '윤리'를 완전히 분리해놓고 이야기를 해보려 한다. 우리는 ESG와 투자자, 수익 그리고 경제적 유인에 대해서만 다룰 것이다. 당위성은 제쳐두고, ESG를 투자자의 관점에서만 논의한다는 뜻이다.

또한 이와 관련해 투자자들이 ESG에 관해 꼭 알아야 하는 정보를 전달하고, 실제로 투자자가 어떻게 ESG에 접근해야 하는지, 관점의 문제도 던져보려 한다. 이제까지 당위적이거나 윤리적인 이야기만이 ESG 담론의 주를 이뤘기 때문에 이는 신선한 접근이 될 것이다.

총 네 개의 파트를 준비했다. 먼저 첫 번째 파트에서는 ESG를 바라보는 관점에 대해서 다루고, 두 번째 파트에서는 ESG 금융에 대해 기본적으로 이해하고, 세 번째와 네 번째 파트에서는 투자의 실제를 알아보는 시간을 가지려 한다.

투자하려는 산업을 분석할 때 투자자들이 ESG를 어떻게 활용해야 하는지, 기업을 분석하거나 본인의 투자 의사 결정을 할 때 ESG를 어떻게 적용해야 하는지, 이에 대한 설명과 함께 여러모로 생각할 만한 논점을 제시해보겠다. 자, 지금부터 ESG를 샅샅이 파헤쳐보자.

2023년 8월

홍기훈

차례

ENUIRONMENT   SOCIAL   GOUERNANCE

PART 3
ESG 투자 에센스: 산업편

PART 4
ESG 투자 에센스: 기업편

PART 1

ESG를 보는 관점

ESG는 우리가 인류의 삶을 유지하기 위해 일궈온
노력들을 집대성한 것이다. 다만 그 주체가 기업이
라는 데 차별점이 있다.

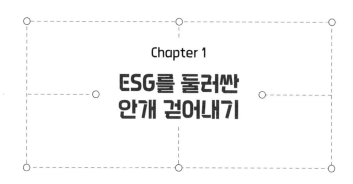

Chapter 1

ESG를 둘러싼 안개 걷어내기

어떻게 해야 복잡한 담론에 둘러싸인 ESG를 명확하게 이해할 수 있을까? ESG의 실체를 가장 단순하고도 정확하게 파악하는 방법은 바로. '숫자'다. 금융은 숫자로 말하는 분야이기 때문이다.

누구나 한 번쯤은 이런 말을 들어봤을 것이다.

"태양광 에너지는 아직 매우 비싸다. 그러나 언젠가 기술이 발전하면 가격 면에서 가솔린 에너지와도 경쟁할 날이 올 것이다. 그러므로 우리는 서둘러 태양광을 이용할 준비를 해야 한다."

물론 당위적으로 볼 때 태양광 에너지를 준비해야 하는 건 맞다. 아니, 지금부터 준비한다고 해도 늦은 감이 있다 싶을 정도로, 태양광 에너지의 시대는 가까이 와 있다.

그러나 태양광 에너지를 이용할 준비를 해야 한다는 게 사실이라 쳐도, 투자자라면 이 문제에 대해 비판적 시각을 견지하고 '정말 태양광이 가격 면에서 가솔린과 경쟁할 수 있을지' 숫자로 먼저 따져봐야 한다. 투자자란 그런 존재여야 하기 때문이다

금융은 숫자로 말한다

태양광이 가솔린과 가격 면에서 정말 대결할 수 있을까?

현재 인류가 가장 많이 사용하는 건 가솔린 에너지다. 가솔린의 에너지양은 어느 정도일까?

다른 연료와 비교해보자면 가솔린은 메탄올의 2배, 에탄올의 1.5배, 부탄올의 1.1배 그리고 친환경인 천연가스에 비해서는 1.3배의 에너지를 낼 수 있다.

이 외에 원자력이나 액체수소도 있지만 이 둘은 가솔린보다 훨씬 더 큰 에너지를 낼 수 있긴 해도 저장과 보관

에 상당한 시간과 비용이 들어가기 때문에 가성비를 따지기 어렵다.

우리가 가솔린을 가장 많이 이용하는 이유는 단순하다. 싸기 때문이다. 아직 가격 면에서 가솔린을 이길 에너지원은 없다.

이제 태양광 에너지를 보자. 태양광의 에너지는 어떻게 측정할 수 있을까? 바로 지면에 도달하는 에너지의 양으로 계산할 수 있다.

지표면 $1m^2$에 도달하는 태양광 에너지는 1kW이며, 이를 태양 전지로 만들었을 때의 에너지 변환 효율은 약 15%이다. $1m^2$당 0.15kW, 즉 0.2마력의 에너지를 낼 수 있다는 뜻이다. 0.2마력이 어느 정도의 크기인지 감이 오지 않는다면, 자동차의 마력으로 환산해서 쉽게 파악할 수 있다. 경차 한 대가 76마력 정도이니, 이 차를 움직이려면 $380m^2$의 태양광 패널을 깔아야 한다는 뜻이 된다. 패널을 설치하고 유지 보수하는 데도 비용이 들지만 일단 계산에서 빼기로 하자.

미래에 기술이 매우 발달해 에너지 변환 효율이 100%가 되고 전기를 수송하는 데도 손실이 전혀 나지 않는 날이 온다 해도, 경차인 모닝 한 대를 움직이려면 여전히

58.4m²나 되는 태양광 패널 넓이가 필요하다. 여기까지 가 태양광의 한계다. 아무리 기술이 발전해도 태양에서 지구로 내려오는 에너지를 늘릴 수는 없기 때문이다. 이렇 듯 태양광과 가솔린은 가격 면에서 전혀 경쟁이 되지 않 는다.

연결 고리를 찾아라

숫자로 따져보면 태양광이 가솔린과 경쟁한다는 소리 가 얼마나 허무맹랑한지 명명백백하게 드러난다. 그런데도 EGS의 측면에서 보면 태양광 에너지의 시대가 올 것이며, 태양광 에너지를 사용할 준비를 해야 한다고들 말한다. 이게 대체 무슨 뜻일까? 이 책의 말미에 이르러 여러분이 EGS를 정확히 이해할 수 있게 되면 이 의문은 자연히 해 소될 것이다.

이처럼 ESG는 수치로 이해해야 정확히 알 수 있는 문 제다. 그러나 많은 사람들이 '숫자'로 된 논리적 근거는 없 이, 말로만 이런저런 주장을 늘어놓고 있는 게 현재 상황 이다. 대중이 ESG를 환경, 사회, 거버넌스를 향상시키는 기업 활동이라고 착각하는 경향이 있다.

이번에는 원유를 해외에서 사와 정제 처리하여 석유 제품을 만드는 상장회사의 예를 들어보자. 이 회사는 탄화수소를 주성분으로 하는 원유를 증류(용액을 가열하여 생긴 기체 상태의 물질을 다시 냉각시켜 순수한 액체로 만드는 과정)하여 탄화수소를 분리한 뒤 LPG, 휘발유, 등유, 경유, BC유, 윤활유 등을 생산한다. 간단하게 말해서 석유를 태운다. 이 과정에서 연료인 석유가 완전히 연소되지 못해 불완전연소가 일어나기 때문에 매연과 같은 대기 오염 물질을 배출하며 환경을 오염시킨다.

어느 날 이 회사의 CEO가 주주들을 모아놓고 "우리 회사는 ESG 활동을 진지하게 받아들여서, 이제부터 환경 오염을 일으키는 대기 오염 물질 배출을 줄이기 위해 정제 시설의 운영 시간을 반으로 줄이고, 매출의 50%를 투자해 모든 정제 시설에 매연 저감 장치를 설치하겠다" 라고 선언했다고 생각해보자. 이는 명백히 회사가 손해를 보더라도 ESG 활동에 집중하겠다는 이야기이다. 즉 CEO 는 '경제적 요인을 무시하더라도 환경을 지켜야 한다'는 주장을 주주들에게 한 것이다.

우리는 이처럼 여전히 ESG를 투자와 잘 연결 짓지 못한다. 언뜻 봐서는 '연결 고리'가 없어 보이기 때문이다. 그럼에도 불구하고 ESG와 투자 사이에는 분명히 연결 고리가 있다. 우리는 이제 그 연결 고리를 찾아낼 것이다.

ESG는 결코 숫자와 관계없는 담론이 아니다. ESG는 '경제적 요인을 무시하더라도 환경을 지켜야 한다'라는 식으로는 말하지 않는다.

ESG가 돈 낭비?

앞서 말한 태양광 에너지의 예가 E, 환경(Environmental)에 해당되는 이야기였다면, 이번에는 S, 사회(Social)와 G, 거버넌스(Governance)의 측면에서 설명해보려 한다.

뉴욕대학교 스턴 비즈니스쿨의 재무학 교수인 다모다란(Aswath Damodaran)은 가치 평가의 학장(dean of valuation)이라는 별명이 붙은 대단한 인물이다. 그의 대표 저서인 『가치 투자(Investment Valuation)』는 기업 가치 평가의 표준 교과서로 인정받을 정도이며, 이 분야 최고의 권위자로 손꼽힌다.

그런 그가 ESG에 대한 자기 의견을 밝혔으니, 그것은 곧 "ESG가 '돈 낭비'가 될 수 있으며, 사회에 득보다 실이 더 많을 수도 있다는 것"이다. 그는 선(善)에 대한 정의는 각 사람마다 다르기에 어떤 회사가 선한지, 선하지 못한지 합의 자체가 불가능하다고 주장한다. 주관에 의해 결정되는 ESG를 수치화하는 건 무의미하다는 것이다. 이렇게 되면 ESG 점수는 객관적일 수가 없다.

여기서 잠깐 ESG 점수가 무엇인지 짚고 넘어갈 필요가 있겠다. ESG 점수란 기업의 ESG 활동을 측정하기 위해 만들어진 지표이다. 신용 평가 회사에서 기업에 신용 등급을 주는 것과 마찬가지로, ESG 평가 회사가 다양한 ESG 항목에 대해 특정 기업의 점수를 매기고 이를 합쳐서 ESG 점수를 산출한다.

일반적으로 ESG 점수는 ESG 펀드들이 해당 회사에 투자할지, 투자하지 않을지를 결정하는 데 사용된다. 또한 ESG 점수가 높은 회사들은 자신들이 부여받은 높은 ESG 점수를 홍보 수단으로 사용한다.

비판적으로 사고하라

다모다란 교수는 ESG가 가치를 증가시킨다는 주장을 뒷받침하는 근거가 없으며, 현재 막연한 논의만 있다는 점에 비판을 가한다. ESG의 성공을 정확하게 평가하는 건 사실상 불가능하다고 결론 내린 것이다. ESG 활동의 성공을 측정할 만한 명확한 기준이 존재하지 않고 이러한 기준들이 매우 주관적일 수 있기 때문이다. 즉 무엇을 ESG 활동이라고 보아야 하는지에 대한 사회 구성원들의 의견이 모두 다르기 때문에 ESG 활동을 정확하게 평가할 수 없다는 의미이다.

그러면서 다모다란 교수는 '더 나은 사회를 만들고자 한다면, 더 나은 사회를 만들면 될 뿐'이라고 말했다.

금융이 더 나은 사회를, 사회에 더 나은 기업을 만드는 게 아니다. 자기 자신부터 스스로 선(善)이 무엇인지 결정하고 개인 단위, 가족 단위에서부터 실천하면 그로써 사회가 자연히 변화되는 것이다. 대체 왜 투자자가 기업을 통해서 그것을 구현시키려 하는가? 이것이 다모다란 교수의 견해다.

그의 주장을 듣노라면 의구심이 드는 게 당연하다. 과연 ESG가 투자에 있어 고려할 만한 가치가 있긴 한 걸까? 바로 지금이 앞서 말했던 '비판적 사고'가 필요한 순간이다. 비판적 사고는 합리적 투자자, 합리적 투자 의사결정의 시작점이다.

ESG를 잘하는 기업이 수익률이 좋다고 한다면, 수익

률이 좋은 기업 역시 ESG를 잘할지 따져볼 수 있지 않을까? 세계적으로 매우 유명한 예시가 있다. 나중에 더 자세히 다루겠지만 여기서는 우선 간단하게 살펴보도록 하자.

기업 가치를 좌우하는 ESG

몬산토(Monsanto)는 유전자 변형 농수산물 1위 기업으로, 2016년 바이엘(Bayer)이 660억 달러에 인수했다. 2014년 미국 기준으로 80%의 옥수수, 90%의 콩이 몬산토 유전자를 지니고 있었을 정도로, 몬산토는 점유율이 어마어마한 기업이었다. 하지만 몬산토를 인수한 바이엘의 운명을 바꿀 정도로 악명을 떨친 'BT 면화 사건'이 터진다.

BT균은 제초제에 강한 세균이다. 몬산토는 BT균의 DNA에서 제초제에 강한 정보를 빼서 면화에 입혔는데, 이를 BT 면화라고 한다. 농부들은 BT 면화를 심고 제초제를 다량 살포했다. 그 결과 해충은 모두 죽고 BT 면화만이 살아남았다.

당연히 BT 면화는 매우 큰 인기를 끌었다. 인도 시장에 이 BT 면화가 들어왔는데, 문제는 도입된 지 10년이

지나고 나서 벌어졌다. 당시 인도에서 BT 면화의 점유율은 무려 88%나 되었다. 그러나 10년 동안 강력한 제초제에 맞서 해충들은 더 강해졌고, 시간이 지나면서 아무리 고농도의 제초제를 뿌려도 죽지 않고 살아남는 해충들이 많아졌다. 살아남은 해충들은 종자들을 모조리 죽이기 시작했다.

종자가 있어야 다음 해 농사를 지을 수 있는 법이다. 농부들은 종자를 모두 잃자, 돈을 주고 종자를 새로 구입해야 하는 상황에 처했다. 그리고 이는 종자 가격의 상승을 불러왔다. 결국 농부들은 손실이 감당할 수 없어져서 자살하기 시작한다. 2014년의 일이다.

2015년, WHO는 몬산토가 생산하는 제초제를 발암성 물질로 분류한다. 그리고 100여 명의 원고가 몬산토를 상대로 소송을 건다. 2016년, 바이엘은 놀랍게도 이 시점에 몬산토를 인수한다고 발표한다. 이 모든 맥락을 알고서도 인수를 강행한 것이다.

그러나 합병이 마무리되고 2주 뒤, 캘리포니아 법원은 원고 한 명당 2억 8,900만 달러의 징벌적 배상 판결을 낸다. 한화로 하면 3억 원에 가까운 어마어마한 금액이며, 100여 명의 배상금은 3,000억 원에 달한다. 문제는 여기

연도	사건
1976년	몬산토, 글리포세이트(Glyphosate) 기반 제초제 라운드업 개발
2000년	몬산토, 라운드업 특허 만료
2015년	WHO 국제 암 연구 기관, 글리포세이트를 2A 발암 물질로 분류
2016년	바이엘, 몬산토를 660억 달러에 인수
2017년	미국 지방법원, '몬산토 페이퍼' 공개 명령
2018년	바이엘, 몬산토 인수 완료, 인수 직후 2억 8,900억 달러 소송 패소

서 끝이 아니었다. 이 판결 후 만 명 단위로 소송이 늘어났고, 당연한 수순으로 주가는 폭락했다.

시간순으로 정리하자면 위와 같다.

결국 2018년, 바이엘의 시총은 몬산토 인수 대금보다도 더 낮게 떨어졌다. 그리고 주주 총회는 몬산토 인수를 주도한 CEO를 불신임 가결했다. 이 시점에서 다시 한번 생각해보자. ESG는 정말로 기업 가치에 영향을 미치지 않는 걸까?

지금 가장 뜨거운 화두, ESG

ESG는 갑자기 생겨난 게 아니라 원래부터 있던 개념이다. 환경, 사회, 거버넌스 모두 그렇다. 상대적으로 새롭게 부상한 거버넌스의 경우 반부패, 기업 윤리, 공정 경쟁, 법 준수 등의 이슈가 포함되어 있다.

'환경'에 속하는 내용은 모두 매우 오래된 것들이다. 기후 변화, 탄소 배출, 환경오염, 환경 규제, 생태계 및 생물의 다양성, 에너지 효율 등이 환경에 해당되는 이슈다. 모두 1970년대부터 나오던 이야기로, 여러분에게도 이미 익숙한 주제일 것이다. '녹색 성장' '지속 가능 성장'의 연장

선상에 있는 이야기다.

'사회'의 경우도 마찬가지다. CSR 즉 기업의 사회적 책임(Corporate Social Responsibility)이라는 단어는 누구나 귀에 익을 것이다. 지역 사회나 인류에 기업이 어떤 공헌을 할 수 있는가에 대한 내용이 사회에 해당된다.

ESG, 오래된 미래

ESG는 우리가 인류의 삶을 유지하기 위해 일궈온 노력들을 집대성한 것이다. 다만 그 주체가 기업이라는 데 차별점이 있다. '기업은 당연히 사회적 공헌의 측면에서

ESG의 세부 요소와 개념

ESG의 세부 요소		ESG의 개념
Enviroment 환경	• 기후 변화 및 탄소 배출 • 환경오염·환경 규제 • 생태계 및 생물 다양성	• 자원 및 폐기물 관리 • 에너지 효율 • 책임 있는 구매·조달 등	기업 경영에서 지속 가능성을 달성하기 위한 3가지 핵심 요소
S Social 사회	• 고객만족 • 데이터 보호·프라이버시 • 인권, 성별 및 다양성	• 지역사회 관례 • 공급망 관리 • 근로자 안전 등	기업의 중장기 기업 가치에 직·간접적으로 큰 영향을 미치는 환경, 사회, 거버넌스 측면에서의 비재무적 성과
G Governance 거버넌스	• 이사회 및 감사 위원회 구성 • 뇌물 및 반부패 • 로비 및 정치 기부	• 기업윤리 • 컴플라이언스 • 공정 경쟁 등	

일해야 한다'는 정도가 아닌, '투자자가 기업에게 ESG를 강제해야 한다'는 수준에까지 이른 것이다. 바로 이 점이 핵심이다.

이제까지는 CSR도, 지속 가능한 성장도 모두 기업의 자율에 맡겼다. 기업의 지배 구조를 더 투명하게 만드는 것도 마찬가지였다.

그러나 ESG로 이 모든 것들이 통합되면서, 금융적인 기법 즉 투자라는 기법을 통해서 강제성을 부여하려 한 것이다. 이해 관계자 즉 주주나 고객, 기업에 고용된 노동자, 기업의 채권자가 모두 모여서 '금융적인 기법을 통해 기업에게 지속 가능한 환경적, 사회적, 거버넌스적인 좋은 활동을 강제하자'라는 것이 ESG이다.

예전에도 이와 비슷한 노력들이 있었다. 녹색 금융이 그 대표적인 예다. 녹색 금융은 환경적으로 유의미한 활동에 금융적인 인센티브를 주는 정책이었다. 우리나라의 경우 이명박 정부 시기에 녹색 성장, 녹색 금융에 방점을 찍기도 했다.

이제 투자자의 입장으로 이 상황을 다시 보자. ESG가 중요한 이슈로 떠오르는 이유는, '금융'이 'ESG'를 실천하도록 기업을 강제하기 때문이다.

선하게 벌어라?

2006년 당시 UN 사무총장 코피 아난(Kofi Annan)은 6가지 UN PRI, 즉 UN 책임 투자 원칙(United Nation's Principles of Responsible Investment)을 발표했다. ESG는 이를 근간으로 투자의 측면에서 함께 다뤄진다.

ESG 투자보다 더 잘 알려진 개념으로는 SRI, 즉 사회적 투자(Social Responsible Investment)가 있다. 2016년 미국 노동부에서 발간한 「환경, 사회 및 지배 구조 투자 수단」 보고서에는 ESG가 SRI에서 파생되었으나 최적의 투자 성과를 강조하는 선관주의 의무(善管注意 義務)를 최우선시한다고 써 있다. 즉, 이야기의 내용은 같으나 관점이 달라진 것이다.

ESG는 투자자가 기업에 강제하는 것이므로, 기업의 관리자로서 최적 투자 성과라는 목표를 강조하는 선관주의의무를 저버려서는 안 된다는 계약 조건이 붙었다. 그러므로 '돈을 벌되, 사회적으로 선하게 돈을 벌라'는 것이 곧 ESG다. 이처럼 환경적, 사회적으로 공익의 목적이 있는 ESG 활동이더라도 '투자'라는 형식을 가지게 되면 수익을 간과할 수 없게 된다.

경제적 유인은 무엇인가?

ESG는, ESG 활동을 하는 기업의 자본 조달 비용을 낮추고 용이하게 만들기 위해 조직적으로 만들어낸 금융 개념이라고 할 수 있다.

ESG에 해당되는 기업의 경제적 유인을 이전까지는 지원금의 형태로 제공했다면, 이제는 투자자들이 ESG 활동을 위해 해당 기업의 자본 조달 비용을 낮춰줘야 한다고 요구한다. 여기서 자본 조달이란 주식과 채권을 뜻한다.

핵심 논리는 IPO, 유상 증자, 채권 발행 시 비용이 낮아지면 기업은 ESG 활동을 하게 된다는 것이다.

다만 여기에도 '구멍'은 존재한다. 바로 '투자자들에 대한 경제적 유인'이다. 사회적 또는 환경적으로 중요한 가치를 추구하기 때문에 경제적인 유인, 즉 기업의 수익률이 줄어든다는 건 투자자 입장에서 자신이 받을 수익률이 줄어든다는 걸 뜻한다.

투자자 입장에서 '수익률이 줄어도 상관없는가?'에 대한 대답은 여전히 논리적으로 비어 있다.

ESG 쟁점이 뜨거운 이유

환경운동가 그레타 툰베리를 알고 있는가? 2003년 출생한 그녀는 어린 소녀의 몸으로 2019년 유엔 기후 행동 정상 회의에서 다음과 같은 발언을 했다.

"저는 이 단상이 아니라, 바다 반대편 학교에 있어야 합니다. 당신들은 빈말로 내 어린 시절과 내 꿈을 앗아갔습니다."

어린 그레타 툰베리의 발언은 강한 호소력을 담고 전 세계로 퍼져나가 기후 위기의 심각성을 알렸다. 분명 기후 위기는 심각한 문제다. 강력한 힘을 가진 기업이 동참해 기후 위기를 함께 해결할 필요가 있음은 분명하다.

이런 배경하에서 다음 글을 살펴보자.

1. ESG 쟁점에 관심을 두는 이유를 두고 사람들은 기업의 역할에 대한 가치관이 변했기 때문이라고 주장한다. 기업의 경제적 성과만을 기대하던 기존의 가치관에서 변화했다는 것이다.

2. 커다란 사회적 문제를 야기한 기업은 책임 있는 경영 활동을 통해 이를 해결하고, 사람들의 삶에 긍정적인 영향을 미치는 행동을 해야 한다는 기대가 커지고 있다.

3. 현재 기업은 안전하고 친환경적인 제품을 요구하는 고객이나 공정 거래 관계를 요구하는 정부, 환경 친화적 운영을 요구하는 지역 사회, 자원 사용 감축을 통해 원가 절감을 요구하는 주주 등 다양한 이해 관계자의 요구에 직면해 있다.

4. 최근 많은 연구를 통해, 기업이 환경적·사회적 책임을 잘 이행할수록 이해 관계자와 긍정적 관계를 형성하며, 위험 상황에 노출되는 건수 또한 감소하여 장기적으로 기업 성과에 긍정적인 영향을 준다는 것이 밝혀졌다.

위의 글은 ESG에 대한 담론을 정리한 것이다. 이 글을 앞서도 여러 번 강조했던 '비판적 사고'로 해석해보자.

기업은 경제적 성과를 낼 뿐 아니라 사람들이 삶에 긍정적인 영향을 주는 행동을 해야 한다.

지금 기업은 고객과 정부, 규제 등 여러 요구에 직면해 있다. 바로 이 대목에서 논점이 흐려지는 것을 간파해야 한다.

그리고 생뚱맞게도 마지막 4항에서는 기업의 수익률로 논리가 전개된 뒤 마무리된다.

위와 같이 결함이 있는 논리가 전개되는 이유는 투자자들이 금융적 수익이 아닌 윤리적 행동에 그리 민감하지 않기 때문이다. 환경과 사회에 긍정적인 활동을 하는 기업들에게 그 활동에 대한 경제적 인센티브를 주어야 한다는 것이 이 주장의 핵심이다. 그런데 정작 투자자 입장에서는 "환경에 좋은 일을 하면서 돈을 허투루 쓰겠다고?"라고 하면서 싫어할 것이다. 그럼에도 불구하고 ESG 활동을 하는 기업들에게 경제적 인센티브를 주기 위해 금융의 맥락을 무리하게 도입하려다 보니, 이런 결함이 있는 논리가 만들어진 것이다.

ESG는 '나'에게 의미가 있는가?

2006년 이후로 벌써 15년 남짓 시간이 흘렀다. 그리고 15년 이상의 마케팅을 통해 이 개념은 성공적으로 자리를 잡았다. 이제는 투자자가 "ESG가 과연 나에게 의미가 있을까?" 질문을 던져봐야 할 시점이다.

우리는 이 질문에 대해 두 가지 관점에서 접근해야 한다. 하나는 'ESG가 진짜로 주가에 영향을 주는가?'이고, 그다음 던져야 할 질문은 'ESG가 대세라면 여기에 편승할 수 있는가?'이다.

투자 열풍은 그 대상이 뭐든, 항상 비슷한 형식으로 반

책임 투자 금액

지역	2014	증가율 (%)	2016	증가율 (%)	2018	증가율 (%)
유럽	10,775	+23	12,040	+12	14,075	+17
미국	6,572	+76	8,723	+33	11,995	+38
캐나다	729	+24	1,086	+49	1,699	+56
호주/뉴질랜드	148	+10	516	+24	734	+42
아시아(일본)	52	+1200	474	+812	2,180	+360
합계	18,276	+38	22,839	+25	30,683	+34

복된다. 코인 투자가 유행하던 시기를 떠올려보자. 당시에도 코인이 가치가 있는지, 또 코인에 투자해야 하는지 사람들이 자주 묻곤 했다.

그러나 '가치가 있는가?'와 '투자를 해야 하는가?', 이 두 가지는 별개의 문제다. 가치란 사람들이 믿으면 형성되는 것이다. 지금은 모두가 ESG에 대해서 이야기하고 있고, 관련 기사도 쏟아져 나오고 있다.

하지만 ESG가 대세라면, 즉 수많은 이들이 ESG를 잘하는 기업에 더 낮은 가격으로 자본을 조달하고 싶어 하는 게 분명하다면, 우리 투자자는 금융 수익이 중요하다는 사실을 잊지 말고, 이 상황을 어떻게 이용할지 고민해야 한다. 바로 이것이 기업이나 투자 포트폴리오를 분석하는 데 ESG를 반영하는 가장 좋은 방법이다.

Chapter 3

투자자라면 반드시 알아야 할
ESG 핵심 포인트

이 책의 목적은 ESG 투자를 어떻게 할지, 그 방법론과 사례를 다루는 데 있다.

이제까지 ESG의 개념에 대해 짚어봤다면, 이번 장에서는 ESG 투자를 시작하기 전에 알아둬야 할 것들에 대해 이야기해보려 한다.

먼저 ESG가 어떻게 시작됐는지, 오랜 역사적 맥락 속에서 현재까지 흘러온 과정을 파악할 필요가 있다.

역사 속 ESG의 첫 시작

시간을 되돌려 18세기, 19세기로 가보자. 환경오염, 아동 노동, 노예 노동 문제가 지속적으로 제기되던 1차 산업혁명 시절이다.

1840년에 출간된 『공장 소년 마이클 암스트롱의 삶과 모험(The Life and Adventures of Michael Armstrong, The Factory Boy)』이라는 책의 표지에는 어린이들이 방직 공장에서 노동을 하고 있다. 저자는 프랜시스 트롤럽(Frances Trollope)으로, 그녀는 이 소설을 통해 아동 노동 착취 문제를 고발했는데, 이것이 아동 노동 착취에 대한 첫 책이었다.

소설에는 1800년대 초중반 아동의 노동이 얼마나 힘들었는지, 또 그들이 얼마나 비인간적인 대우를 받았는지 고스란히 실려 있다. 소설의 각 에피소드들은 실제로 있었던 사례를 바탕으로 쓰였다. 이 책을 시작으로 노동 문제에 대한 논의가 다양하게 이루어졌고, 그 해결 방안 중 한 갈래가 공산주의로 이어지기도 했다.

기업들은 자신들이 일으키는 환경 문제, 사회 문제를 사업 자체를 통해 해결하려 하기보다는, 자선 사업을 통해 무마하려 한다(이는 CSR과 같은 맥락이다). 기업들은 이

윤을 얻기 위한 사업과 자선 사업을 분리했다.

에너지 회사가 있다고 예를 들어보자. 이 기업의 전문 분야는 오일 사업으로, 이들은 자신이 가장 자신 있는 오일 사업을 통해 돈을 벌려고 한다. 그리고 환경에 좋은 일은 그렇게 번 돈으로 투자자, 즉 주주가 하면 된다는 논리를 펼친다.

'기업은 기업이 잘하는 일을 하면 된다'는 것이 본래 기업의 주장이었다. 그리고 그것과 별개로 에너지 회사의 이미지 재고를 위해서는 자선 사업을 따로 한다.

기업 경영과 자선 사업은 이처럼 명확하게 분리되어 있었던 것이다.

기업의 사회적 책임

제2차 세계 대전 이후 UN이 만들어지고, 1950년대에는 UN 인권 선언이 이루어진다. 그리고 기업의 사회적 책임에 대한 논의 또한 이루어진다.

1960년, 레이첼 카슨(Rachel L. Carson)의 『침묵의 봄(Silent Spring)』이 출간된다. 제1차 세계 대전 이후 미국에서 살포된 살충제나 제초제로 사용된 유독 물질이 생태계에 미치는 영향을 분석한 책으로, 환경 분야에 한 획을 그은 명작이다. 서양에서 환경 운동이 시작된 계기가 『침묵의 봄』이라 해도 과언이 아니다.

1970년대가 되자 UNEP, 즉 UN 환경 계획이 발족한다. 지금도 여전히 UNEP를 중심으로 환경 의제가 논의되고 실천되고 있다. 이때를 기점으로 지속 가능 발전과 CSR 즉 '기업의 사회적 책임' 논의가 본격적으로 태동했다.

지속 가능 발전에 대한 정의가 내려진 것은 1980년대다. 인류가 지속 가능한 방향으로 전진해야 한다는 발상, 또는 기업의 비즈니스가 지속 가능하기 위해 해야 할 일 등을 이때부터 고민하기 시작한 것이다.

이 무렵 엑손의 발데즈호 좌초 사건이 발생한다. 배가 좌초하며 바다에 기름이 유출된 것이다. 이 사건을 기점으로 '발데즈 원칙'이 수립된다. 발데즈 원칙은 기업이 환경과 사회에 끼치는 영향을 스스로 파악하고 공개하며, 또한 이를 관리하고 개선하기 위해서 노력해야 한다는 내용을 담고 있다.

1990년대에는 UNEP 3대 환경 협약 즉 기후 변화, 생물 다양성, 사막화 방지 협약이 체결된다. 1997년에는 UN의 협력 기관인 국제기구 GRI(Global Reporting Initiative)가 설립된다. GRI는 기업의 지속 가능한 경영을 활성화하기 위한 보고서 가이드라인을 만들고 개정하는 역할을 한다. 이때 나이키에서 아동 노동과 관련한 문제가 보도되면서 사람들의 주목을 받는다.

1996년, 잡지 『라이프』 6월호에는 아동 노동과 관련된 사진이 실렸다. 하나는 나이키의 마크가 새겨진 축구공을 쪼그리고 앉아 꿰매고 있는 12살짜리 파키스탄 소년 타릭의 모습이었고, 다른 하나는 자기의 손가락보다 더 큰 바늘로 축구공을 만들고 있는 인도의 3살짜리 아기 실기의 사진이었다. 이 사진들은 전 세계적으로 수많은 사람들에게 엄청난 충격을 주었다.

당시 많은 다국적 기업들은 인건비가 상대적으로 낮은 아시아, 아프리카의 제3세계 국가에 외주 공장을 두었다. 일을 하다보면 땀이 많이 나는 곳이라는 의미로 이런 공장을 '스웨트숍(sweatshops)이라고 부른다. 나이키 또한 비용 절감이라는 세계적인 트렌드를 따랐다. 그리고 이렇게 『라이프』지에 올라간 사진들로 인해 나이키는 아동 노동을 착취하는 비윤리적인 기업으로 낙인 찍혔다.

국제 인권 단체들의 나이키에 대한 분노와 압박은 거셌

다. 또한 화가 난 시민 단체들은 '베트남 노동 감시(VLW, Vietnam Labor Watch)'라는 단체를 만들어 1997년 베트남 현지 노동자 문제를 조사했다. 『라이프』 6월호 사진에 더해 VLW가 만든 충격적인 보고는 나이키에 대한 대규모 불매 운동을 불러 일으켰다. 1997년 10월 〈48시간〉이라는 CBS의 뉴스 프로그램도 베트남에 있는 나이키 공장의 착취 문제를 상세히 보도해서 불매 운동에 힘을 실었다. 1997년 나이키 매출은 급감했고 영업 이익도 전년 대비 37% 감소했다. 이 사건은 지금도 나이키가 아동 노동에 민감하게 대처하게끔 만들었다.

이처럼 나이키는 매우 큰 타격을 받았는데, 환경적 이슈가 아닌 사회적 이슈로 타격을 받은 첫 사례였다. 이와 관련해 이해 관계자들이 나이키에 어떤 반응을 했는지 살펴볼 필요가 있다.

개발도상국 소재 공장의 열악한 노동 환경을 고발당하고 비난받은 나이키는, 전 세계에서 처음으로 자신들이 개발도상국에서 운영하는 공장의 노동 실태를 공개하고 노동 착취 등 문제점들을 공개적으로 시인한다. 나이키가 발행한 「2004년도 기업 책임 보고서」에는 2003년, 2004년에 569개 해외 하도급 공장을 감사한 결과를 발표했다. 여기서 나이키는 일부에서 여전히 노동 착취가 자행되고 있음을 인정했다. 이렇듯 나이키가 자사의 일부 외주 공장들이 비윤리적으로 운영되고 있다고 발표한 것은 다국적 기업에 대해 작업 환경의 개선을 요구하는 국제적, 사회적 압력을 반영하는 것이었다고 볼 수 있다.

이와 관련해 1998년 ILO 국제 노동 기구는 노동자의 최소한 권리를 보장하기 위한 기준으로 결사의 자유, 차별 금지, 강제 노동 금지, 아동 노동 금지의 4개 기본권을 발표한다.

21세기의 ESG

21세기에 들어와 2006년, UN의 PRI, 즉 책임 투자 원칙이 발표된다. 이때 자산 운용에 있어서 ESG 요인을 고려한다는 6대 원칙이 만들어졌다. 책임 투자 6대 원칙은 다음과 같다.

1. 투자 분석 및 의사 결정 과정에서 ESG 이슈를 반영한다.
2. 적극적 소유권을 행사하며 소유권 정책 및 행사에 ESG 이슈를 반영한다.

3. 투자 대상 기업의 ESG 이슈가 적절히 공개되도록 노력한다.

4. 투자 업계 내 책임 투자 원칙의 도입 및 실행을 증진시킨다.

5. 책임 투자 원칙 이행의 효과를 높이기 위해 협력한다.

6. 책임 투자 원칙의 이행에 관한 활동 및 진전 사항을 보고한다.

2010년 ISO, 즉 국제 표준화 기구가 ISO26000을 발표한다. 주목을 받지는 못했으나 현재는 매우 큰 힘을 발휘하고 있는 내용으로, 사회적 책임 경영의 국제 표준이 되었다.

2016년에는 GRI 표준이 발표된다. 지속 가능성 평가 지표를 설정하게 된 것이다. 이때 만들어진 지표는 현재 기업들이 작성해야 하는 ESG 보고서의 근간을 이룬다. 투자자 입장에서는 기업이 이 보고서를 잘 작성하고 있는지 체크할 필요가 있다.

2017년, 기후 변화 관련 재무 정보 공개 권고안이 발표된다. 이 권고안은 현재의 ESG 보고서의 근간을 이루는 요인 중 하나다. 기업은 스스로 이를 발표해야 하게 되었다.

2018년에는 지속 가능성 회계 기준 위원회(SASB)의 지속 가능성 회계 기준이 체계화된다. 회계 기준이 정립되면서 모든 걸 수치화할 수 있게 됐다는 의미가 있다.

2019년 비즈니스 라운드 테이블의 선언이 이루어진다. 여기서 수립된 원칙들은 '고객의 가치를 전달할 것, 직원에게 투자할 것, 공급자를 공정하고 윤리적으로 대할 것, 기업이 속한 지역 사회에 공헌할 것, 주주 가치를 위한 장기 가치 창출에 집중할 것'이다.

2020년, 세계 경제 포럼(WEF)에서 지속 가능성 의제가 논의가 되면서 한국도 움직이기 시작하고, 2021년부터 한국 거래소와 기업 공시 제도 개선안이 발표된다. 42쪽의 도표를 보면 21세기 ESG의 흐름을 한눈에 파악할 수 있다.

21세기의 ESG 포인트

21세기의 사건을 보면 '규제화'가 되어가고 있음을 느낄 수 있다. 이전까지는 ESG가 시민 운동에 기반해 있었고, 그러다 보니 투자자 입장에서는 ESG가 비용에 지나

연도	사건	시사점
2006	UN의 책임 투자 원칙(PRI) 발표	자산 운용에 있어 ESG 요인을 고려한다는 대원칙 수립 및 발표
2010	국제 표준화 기구(ISO)가 ISO 26000 발표	사회적 책임 경영의 국제 표준
2016	GRI 표준 발표	지속 가능성 평가 지표 설정
2017	기후 변화 관련 재무 정보 공개 TF(TCFD) 권고안 발표	기후 변화 관련 이슈들의 리스트 공개와 기후 변화에 따른 비즈니스 기회 요인 파악, 이에 따른 재무 정보 공개 권고안 제시
2018	지속 가능성 회계 기준 위원회(SASB)의 지속 가능성 회계 기준 체계화	77개 산업별 지속 가능성 회계 기준을 최초로 체계화함
2019	비즈니스 라운드 테이블(BRT) 새 목표 선언	ESG 포함 새로운 기업 목적 선언 (이해 관계자 자본주의)
2020	세계 경제 포럼(WEF) 지속 가능성 의제 논의	지속 가능성 가치 측정 백서 발간
2021	한국 거래소, 기업 공시 제도 개선안 발표	자율 공시, 2025년 일정 규모 이상 2030년 모든 상장사에 ESG 보고서 발간 의무 부여

지 않았던 것이다. 이런 이슈들은 '외부 효과'로, 대부분 내재화가 되지 않는다.

외부 효과가 내재화된다는 것은 기업이 사회 또는 환경 분야에서 일으킨 일들이 비용이나 이익으로 기업에게 돌아오지 않는다는 뜻이다. 즉 환경 오염을 일으키거나 노동 착취를 자행한 기업이 그 행동에 대한 환경 비용과 사회 비용을 부담하지 않아도 아무 상관이 없다.

기업이 환경을 개선하면 그 혜택을 기업만 직접적으로 받는 게 아니라, 모든 사람에게 나뉘어 돌아가게 된다. 반대로 기업이 환경 문제를 일으키면, 기업이 직접적으로 그 손해를 보는 게 아니라 모든 사람이 손해를 본다. 이를 외부 효과라 한다.

기업 입장에서는 단지 '고객들이 불편해하기 때문에' 비용을 사용해 이슈를 커버하려 했을 뿐, 외부 효과는 경제화되지 않았다. 예전에 나이키가 아동 노동 문제에 비용을 사용하는 것도 단순히 '고객이 거부감을 느끼기 때문'이었다. 의무는 없었던 것이다.

그러나 이제는 기업이 환경적 또는 사회적 활동을 해야 한다는 것이 규제화되어가고 있다. 2006년에 만들어져서 2020년에 방점을 찍은 사건이 바로 '백서를 발간하는 것'이다. 이를 위해 각 나라들은 2021년에 들어서서 '규제를 해야 하는' 입장이 된다. 기업들은 이제 ESG를 피해갈 수 없고, 투자자 입장에서는 바로 이 포인트가 매우 중요하다.

앞서 여러 번 던졌던 질문을 다시 한번 떠올려보자. "ESG는 수익률에 도움이 되는가? 아니면 기업에 어떤 영향을 미치는가?"

규제 위험이 존재한다. 요구되는 최소한의 ESG를 하지 않는 기업은 벌금을 물 수 있고. 이는 대손 충당이 된다. 대손 충당금으로 그 위험이 잡힐 수밖에 없는 것이다. 회계 장부상에서, 투자자들 입장에서는 잠재적 손실이 될 수 있다.

이는 비용으로, 기업의 수익률에 영향을 미칠 수 있다. 바로 그렇기에 투자자 입장에서는 ESG를 아예 하지 않는 기업이나, ESG에 안 좋은 결정을 내리는 기업이 규제로 인해 잠재적 위험이 생겼다는 사실을 인지할 필요가 있다.

Chapter 4
국내외 ESG 트렌드
바로 알기

그렇다면 현재의 ESG 트렌드는 어떨까?

뒤 페이지의 첫 번째 그래프를 살펴보면, 2020년 말 기준으로, 운용 규모 약 11.4경 원에 달하는 3,038개 기관 투자자들이 UN PRI에 가입해 있다는 걸 알 수 있다. 그리고 아래 표는 기업 가치의 뉴 패러다임이 어떻게 전환되었는지를 도식화한 것이다.

뉴 패러다임에 대한 이해를 차치하고, 무엇보다 중요한 건 PRI에 가입된 3,038개의 기관 투자자들의 운용 규모가 11.4경 원이라는 것이다. 어떤 형태로든 ESG를 해야 한다는 뜻이다.

포털 사이트에서 종목 분석을 확인해보면, 기관 투자자 외인 보유 비율이 있다. 기관들의 움직임이 주가에 지대한 영향을 미친다는 걸 알 수 있는 부분이다. 당연히 이는 개인 투자자에게도 중요한 사항이다. 기관 투자자들이 ESG에 민감하다는 것은 곧 개인 투자자도 ESG에 민감해져야 할 필요가 있다는 뜻이다.

이제부터 해외와 국내의 ESG 트렌드를 짚어보자. ESG 투자를 이해하려면 모두 기본적으로 알아야 할 지식이라는 사실을 염두에 둬야 한다.

PRI 가입자 추이

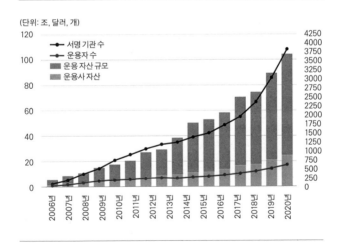

(단위: 조, 달러, 개)

- 서명 기관 수
- 운용자 수
- 운용 자산 규모
- 운용사 자산

비재무적(ESG) 성과와 재무적 성과의 통합을 통한
기업가치의 뉴 패러다임 전환

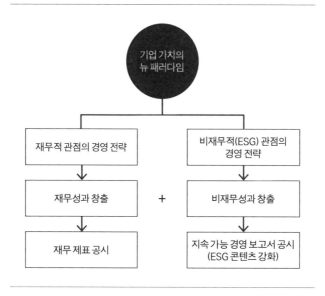

해외 ESG 트렌드 1. 정보 공개 표준화

ESG가 주류화가 되면서 나온 여러 담론 중 하나가 바로 정보 공개 표준을 제정해야 한다는 것이다. 지나치게 많은 기관에서 ESG 정보를 만들고 있고, 우리나라 또한 7~8개 기관이 여기에 합세하고 있다. 기준과 요인, 중요도 모두 제각각이기에, 어떤 점을 봐야 할지에 대한 정보가 지나치게 많아졌다.

2021년 1월 기준으로 ESG 정보 공개 표준을 가리키는 명칭이 GRI, SASB 등 대표적인 명칭 외에도 전 세계에 무려 374개가 존재한다. '맞다'는 기준이 없기에 표준화를 해서 정리하자는 이슈가 현재 가장 큰 이슈라 할 수 있겠다.

이는 '어떤 정보를 써야 하느냐'에 관한 이슈다. 투자를 할 때 어떤 정보를 참고해야 하는지 고민을 해야 한다는 뜻도 된다. ESG 점수라고 해서 다 같은 ESG 점수가 아니기 때문이다.

어떻게 계산을 했는가? 어떤 기준을 갖고 있는가? 어떤 요인이 들어가 있는가? 이 모든 것들을 다 파악할 필요가 있다. 디테일이 중요한 것이다.

해외 ESG 트렌드 2. 탄소 국경세

유럽은 환경적인 부분에 매우 민감하기에 기업의 경쟁력이 그만큼 떨어지는 지점이 있다. 기업이 배출하는 탄소에 비용을 부과하는 '탄소 배출권'을 처음 시작한 곳도 유럽인데, 그러다 보니 가격 경쟁력에서 다른 국가에게 뒤처지는 문제가 발생했다. 비용은 고스란히 제품의 가격에 반영되고, 이에 따라 다른 외국 기업에 비해 가격이 높을 수밖에 없게 되었다.

이에 따라 유럽의 국가들은 탄소세를 도입하지 않는 타국에, 이와 관한 가격차 보전을 위해서 수입 시 세금을 매기겠다고 선언한다. 이것이 탄소 국경세다.

간단하게 말하자면 탄소 국경세란 온실가스 배출 규제 격차에 따른 가격차 보전을 위한 세금이다. EU는 2023년 탄소 국경세 도입을 예고했으며, 바이든 미국 대통령 또한 탄소 국경세 도입 추진 방침을 밝혔다.

그렇다면 탄소 국경세의 범주는 얼마나 될까? 이에 관해서는 검토 중에 있다. 탄소 집약적인 제품이나 업종에만 관세를 부과할지, 수입품에도 배출권 거래제를 적용할지, 아니면 모든 수입품의 소비세 또는 부가가치세 등의 세금을 부과할지 여러 의견이 논의 중이다.

탄소 집약적인 제품이나 업종에만 관세를 부과한다면 소극적인 세금 부과가 될 것이고, 모든 수입품까지 적용하게 된다면 매우 적극적인 부과가 될 것이다.

수출 기업이 투자를 하는 투자자들, 특히 유럽에 수출하는 회사들의 경우에는 이 리스크를 눈여겨봐야 한다.

해외 ESG 트렌드 3. 기후 금융

택소노미(Taxonomy)는 녹색 분류 체계를 가리키는 말이다. 2020년 3월 최종 보고서에 나온 표현으로, 친환경과 지속 가능성을 판별하는 기준이 된다.

기후 변화 리스크 완화, 기후 변화 리스크 적응, 수자원 및 해양 생태계 보호, 자원 순환 경제로 전환, 오염 물질 방지, 관리 생물 다양성, 이 6개 부문이 택소노미 안에 포함된다.

택소노미의 공식 적용은 2022년 1월부터로 비재무 정보 공개 지침에 따라서 ESG 정보를 공개하는 기업은 향후 택소노미에 따른 활동 및 성과 정보를 공개해야 한다. 기업 입장에서는 당연히 정보를 공개하는 것만으로도 매우 부담이 될 수 있다.

기관 투자자들과 금융 기관도 택소노미가 적용된 투자 및 금융 자산 비중을 공개해야만 한다. 투자 의사 결정 시 기관 투자자나 기업의 이러한 고민은 개인 투자자도 마찬가지로 영향을 미치므로 필히 고려해야 한다.

해외 ESG 트렌드 4. 플라스틱 규제 도입

플라스틱 규제 도입은 투자자에게 현재 가장 중요한 규제 이슈라 할 수 있다. 2021년부터 실행된 것으로, 재활용이 불가능한 플라스틱 포장재 폐기물에 대해 세금을 도입한 것이다. 재활용이 불가능한 플라스틱 폐기물은 1kg당 0.8유로의 세금을 부과하게 된다. 2030년까지 포장재에 바이오 성분 함유량을 최소 60% 이상 확대하는 것을 지침으로 삼고 있는 상황이며, 전체 플라스틱 폐기물의 50%를 재활용할 계획이다.

플라스틱 제품은 한국의 대(對)EU 5대 수출 품목 중 하나다. 플라스틱 수출에 민감한 기업들이 많은 건 당연한 일이다. 한국은 2019년 기준 21억 4,000만 달러, 즉 약 2조 3천억 원 정도를 수출하고 있다. 향후 지속 가능한 생분해 플라스틱 또는 친환경 소재 개발을 해야 경쟁 우위를 달성할 것으로 전망된다.

해외 ESG 트렌드 5. 스튜어드십 코드

스튜어드십 코드는 연기금과 자산 운용사 등과 같은 주요 기관 투자가들이 자신들의 포트폴리오에 포함되어

지분을 가지고 있는 기업에 대한 의결권 행사 지침을 뜻한다. 스튜어드는 큰 저택에서 주인 대신 집안일을 맡아 보는 집사를 뜻한다. 그러므로 스튜어드십 코드는 기관 투자자들이 그들에게 돈을 맡긴 투자자들의 집사와 같은 역할을 해야 한다는 의미이다. 기관들은 투자를 할 때 맡은 돈을 자기 돈처럼 소중히 여기고 최선을 다해 운용해야 한다는 지침이다.

기업의 배당 확대, 지배 구조 개선과 같은 ESG의 관점에서 유의미한 변화를 통해 주주 이익을 극대화하자는 취지로, 2010년 영국에서는 스튜어드십 코드를 세계 최초로 도입했다(물론 그 이전에도 비슷한 주장들은 있었으나 기관 투자자에게 구체적인 지침을 준 것은 처음이다). 기관 투자자가 투자대상 회사의 경영에 보다 적극적으로 목소리를 내고 참여해야 한다는 것이 지침의 핵심이었다.

자신들이 투자한 기업의 이사회에 올라오는 안건들 중 잠재적으로 문제가 있을 수 있는 사안에 대해서는 투자대상 회사의 경영진과 사전에 적극적으로 소통해 문제를 바로잡아야 할 의무도 여기에 포함된다. 영국이 이 지침을 도입한 이후, 세계 각국에서 영국 규정을 준용해 운용하고 있다. 특히나 2020년 이후 대부분의 선진국들과 다수의 개발도상국들이 스튜어드십 코드 운용에 참여하면서 현재는 전 세계적 ESG의 중요한 트렌드로 자리매김하고 있다.

해외 ESG 트렌드 6. 주주행동주의

주주행동주의란 주주들이 기업의 의사 결정에 적극적으로 참여하고 영향력을 행사하여 주주 스스로의 이익을 적극적으로 추구하는 주의를 말한다. 주가 상승을 통한 시세 차익이나 배당금에 주력한 투자 수익 회수가 금융적 투자의 일반적 관행이었던 데 반해 주주행동주의자들은 구조 조정, 경영 투명성 제고, 책임 추궁 등 이사회를 포함한 다양한 방식을 통해 기업 경영에 적극적으로 개입하여 주주 가치를 높이는 행위를 한다.

주주행동주의는 스튜어드십 코드와 비슷한 맥락으로 보면 이해하기 쉽다. 기관 투자자의 의결권 행사 지침을 의미하는 스튜어드십 코드는 단순히 의결권 행사를 넘어 기업과의 적극적인 대화를 통해 고객 수익률을 극대화하는 게 목적이기 때문에 주주행동주의는 스튜어드십 코드의 주체를 확장시키는 것이라 볼 수 있다. 그렇기 때문에 최근 주주행동주의가 전 세계적으로 다시 관심을 끄는 배경에는 기관 투자자들을 중심으로 하는 스튜어드십 코드의 활발한 도입이 있다고 할 수 있다.

국내 ESG 트렌드 1. 플라스틱 규제 도입

한국 금융 위원회가 ESG 정보 공개 의무화를 공시했으므로, 이제 국내 기업들도 ESG 정보를 반드시 공개하게 되었다. 다만 아직 몇 년에 한 번인지, 얼마나 자주 해야 하는지는 정해지지 않았다. 다만 앞으로 좀 더 촘촘히 규제되리라 예상하는 것이 옳다.

플라스틱 규제의 경우 앞서 언급한 기본 지식은 중복되므로, 이번에는 투자자 입장에서 국내 기업을 어떻게 판단해야 할지 보도록 하자.

한국에도 친환경 플라스틱 소재를 개발하는 기업들이 있으며, 이들이 플라스틱 시장을 확보할 확률이 매우 높다. 투자자 입장에서 보면 플라스틱 규제는 위험과 기회가 동시에 존재하는 규제라고 볼 수 있다.

투자자는 기업들을 보면서 이런 규제들이 기업의 미래 수익에 어떤 영향을 미칠지 고민해야 한다. 단순히 '생분해 플라스틱 기술을 가진 기업이 좋을 것'이라는 막연한 판단만으로는 안 된다. 다시 한번 말하지만, 금융은 돈으로 말하기 때문이다.

투자자에게는 분석할 줄 아는 역량이 필요하다. '생분해 플라스틱 기술을 가진 기업이 경쟁 우위를 달성할 수 있으므로, 이런 기업을 분석해보자'가 맞는 판단이다. 그리고 간단한 계산부터 시작해 근거를 갖추는 것이다. 어떤 기업을 분석해야 될지에 대한 탐색 시간을 줄여준다는 측면에서 ESG를 살펴봐야 한다는 뜻이다.

국내 ESG 트렌드 2. ESG 채권 발행 활성화

한국은 ESG 채권 발행이 활성화되고 있으며, 얼마 전 여러 기업이 ESG 채권을 발행하는 데 성공했다. 이는 과거의 녹색 채권과 밀접한 관계가 있으며, 녹색 채권이 더 발전한 형태가 ESG 채권이라고 할 수 있다. ESG 채권의 종류에는 녹색 채권, 사회 성과 연계 채권, 지속 가능 채권, 지속 가능 연계 채권 등이 있으며 최근에 많은 관심을 받고 있는 주제이기 때문에 이 4종류의 채권들을 모두 설명해보려 한다.

ESG 채권을 이해하기 위해서는 일단 녹색 채권에 대한 이해가 선행되어야 한다. 환경 친화적인 프로젝트에 투자할 재원을 마련하기 위해 발행된 채권을 녹색 채권이라고 한다. 이런 환경 친화적인 프로젝트로는 탄소 감축, 건물 에너지 효율화, 신재생 에너지, 전기 자동차 등을 들 수 있다.

일반적으로 녹색 채권에 조달한 투자금은 친환경 활동과 신재생 에너지 프로젝트 자금 지원 등 녹색 산업과 관련된 용도로만 쓰일 수 있어 조달 기업의 입장에서 볼 때 자금 활용이 그리 자유롭지는 않다. 녹색 채권은 'E'와 관련된 프로젝트 자금을 조달하고, 프로젝트 실패 시 투자자가 손실을 볼 수도 있다.

환경이 아닌 사회 문제 해결을 목적으로 하는 프로젝트의 자본을 조달하는 채권을 사회 성과 연계 채권이라고 부른다. 일반적으로 사회 문제를 해결하는 프로젝트들의 경우 수익을 내는 것이 어렵기 때문에 보통 정부와 연계해 발행하는 방식을 취한다. 정책 과제를 위탁받은 민간 업체가 복지 사업을 벌여 목표를 달성하면, 정부가 관련 사업비에 이자를 더해 지급하는 투자 방식이다.

프로젝트를 수행하는 사업 자금은 프로젝트 운영 업

체가 정부와 맺은 약정을 바탕으로 채권을 발행해 마련한다. 사회성과 연계 채권은 정부가 제공하는 복지 규모가 증가하면서, 정부가 당면하게 된 재정 부족을 해결하기 위해 2010년 영국에서 처음 시작되었고 이후 세계 다른 국가들로 빠르게 확산되었다. 한국 또한 최근 사회 성과 연계 채권에 대한 관심이 증가하는 추세이다.

사회 성과 연계 채권은 'S'와 관련된 프로젝트의 자금을 조달하고, 성공 시 정부가 보상해주는 형태를 가진다. 최근 정부의 개입 없이 순수하게 프로젝트 자금을 조달하려는 시도들이 있었지만, 수익 구조로 봤을 때 현실성이 매우 부족하다는 평가를 받았다.

ESG 채권의 세 번째 종류인 지속 가능 채권은 그린 프로젝트나 사회 지원 프로젝트에 사용될 자금을 조달하는 특수 목적 채권이다. 'E'와 'S'를 합쳐놓은 것 외에는 위에서 소개한 두 채권의 범주에서 크게 벗어난 사례가 아직은 없다.

ESG 채권의 네 번째 종류이자 현재 가장 많은 관심을 받고 있는 채권은 지속 가능 연계 채권이다. 이 채권은 위 세 채권에 비해 그 성격이 조금 독특하다. 위 세 채권은 모두 특정 프로젝트를 설정하고, 그 프로젝트를 위한 자금을 조달하기 위해 발행된다. 즉 뚜렷한 목표가 있고, 그 목표를 달성했는지를 측정할 구체적인 척도와 조건이 존재한다. 이에 반해, 지속 가능 연계 채권은 특정 프로젝트에 필요한 자금 조달을 목적으로 삼지 않는다.

이런 측면에서 지속 가능 연계 채권은 사실상 일반 채권과 크게 다를 바가 없다고 볼 수 있다. ESG 관련 프로젝트와는 상관없이, 기업이 필요한 자금을 조달하기 위해 발행할 수 있기 때문이다. 그런데 지속 가능 연계 채권의 특이한 점은 이 채권이 지급하는 이자 액수가 발행 기업이 설정한 ESG 목표 달성 여부에 따라 달라진다는 점이다. 채권 발행 시 ESG 목표를 설정하고, 이 목표가 달성되면 낮은 이자를 지급하게 된다.

기업의 ESG 목표를 중요하게 여기는 투자자들은 이 채권을 통해 자신이 자금을 빌려주는 기업들이 ESG 목표를 달성하게 만들기 위한 경제적 유인을 제공할 수 있다. 기업이 ESG를 잘하면 투자자가 이자를 낮춰주겠다는 의미이다.

그런데 이 구조에는 한 가지 모순이 존재한다. 만약 기업이 ESG 목표치를 달성하지 못하면 채권 투자자가 높은 이자를 얻을 수 있다는 이야기이기 때문이다. 즉 높은 수익을 원하는 보통의 투자자들은 이 기업이 ESG를 잘하지 못하기를 바라면서 채권에 투자하는 모순적인 상황이 발생할 수 있다. 당연히 시장에는 ESG를 중요하게 생각하는 투자자들보다는 재무적 이익을 더 중요하게 여기는 투자자의 비중이 더 높기 때문에 지속 가능 연계 채권이 확대되고 보편화될수록 다수의 채권 투자자들이 기업의 ESG 목표 달성 실패를 원하는 의도치 않은 상황이 벌어질 수도 있는 것이다.

국내 ESG 트렌드 3. 온실가스 배출권 거래제 3기 시행

2021년 7월부터 온실가스 배출권 거래제 3기가 시작되었다. 온실가스 배출권 거래제란 정부가 온실가스를 배출하는 사업장을 대상으로 연단위 배출권을 할당하여 할당 범위 내에서 배출 행위를 할 수 있도록 하고, 할당된 사업장의 실질적 온실가스 배출량을 평가하여 여분 또는 부족분의 배출권에 대하여는 사업장 간 거래를 허용하는 제도이다.

국내의 배출권 거래 제도의 경우 '저탄소 녹색성장기본법('10.1)' 제46조에 의거하여 '온실가스 배출권 할당 및 거래에 관한 법률('12.5)'이 제정되어 2015년 1월 1일부터 시행 중에 있다.

온실가스 감축 여력이 높은 사업장은 보다 많이 감축하여 정부가 할당한 배출권 중 초과감축량을 시장에 판매할 수 있고, 감축 여력이 낮은 사업장은 직접적인 감축을 하는 대신 배출권을 살 수 있어 비용 절감이 가능하다. 각 사업장이 자신의 감축 여력에 따라 온실가스 감축 또는 배출권 매입 등을 자율적으로 결정하여 온실가스 배출 할당량을 준수할 수 있다는 의미이다.

온실가스 배출권 거래제는 아래 표와 같이 세 기간으로 나뉘었다가, 2015년부터 점진적으로 운영하는 계획이 있었다.

구분	제1기 (2015~2017년)	제2기 (2018~2020년)	제3기 (2021~2025)
주요 목표	경험 축적 및 거래제 안착	상당 수준의 온실가스 감축	적극적인 온실가스 감축
제도 운영	상쇄 인정 범위 등 제도의 유연성 제고 정확한 MRV 집행을 위한 인프라 구축	거래체 범위 확대 및 목표 상향 조정 배출량 보고·검증 등 각종 기준 고도화	신기후체제 대비 자발적 감축 유도 제3자 거래제 참여 등 유동성 공급 확대
할당	전량 무상 할당 목표 관리제 경험 활용	유상 할당 개시 *무상:97%, 유상: 3% 벤치마크 할당 등 할당 방식 선진화	유상 할당 비율 확대 *무상:90%, 유상: 10% 선진적 할당 방식 정착

그리고 2021년에 제3기가 시작되었다. 앞의 표에서 볼 수 있듯이, 제3기에는 적극적인 온실가스 감축을 목표로 신기후체제 대비 자발적 감축을 유도하고 제3자 거래제 참여를 허락하여 온실가스 배출권 거래에 공급되는 유동성을 적극적으로 확대할 것이라고 선언하였다. 간단하게 말해서, 배출권 거래를 적극적으로 지원하겠다는 의미이다.

온실가스 배출권 거래가 확대되면 투자자들에게는 새로운 투자처가 생길 수 있다. 이미 유럽에서는 온실가스 배출권에 대한 투자가 어느 정도 활성화되어 있고 위험 대비 수익률이 타 금융 투자 자산 대비 준수한 수준이다.

금리 상승으로 인해 대부분의 투자 수익률이 위축될 것으로 예상되는 2023년에 투자자들이 온실가스 배출권과 같은 ESG 관련 새로운 투자 트렌드에도 관심을 가진다면 성공적인 투자에 도움이 될 수 있을 것이다.

국내 ESG 트렌드 4. 탄소 중립 선언 RE100

RE100은 'Renewable Energy 100'의 줄임말로, 기업이 사용하는 전력의 100%를 태양광, 풍력 등 재생 에너지로 충당한다는 캠페인이다. 2014년, 세계의 기후 문제를 다루는 비영리단체 '기후 그룹(The Climate Group)'은 '탄소 공개 프로젝트(CDP, Carbon Disclosure Project)'와 함께 RE100을 시작하였다.

이 캠페인의 주요 목표 대상은 연간 전력을 100GWh 이상 소비하는 기업, 『포천』지 선정 1,000대 기업이다. 2022년 현재 애플과 구글, BMW 등 세계 규모의 대기업 약 500여 곳이 캠페인에 참여하고 있다.

일단 '캠페인'이라는 데서 알 수 있듯, RE100에 강제성은 없다. RE100에 참여하겠다고 선언한 기업들도 구체적인 로드맵을 공개하기보다는, 2030년부터 2050년까지 단계별로 재생 에너지 전환 목표 비율을 제시한 정도에 그치고 있다.

그럼에도 불구하고 국내외 많은 기업들이 RE100을 진지하게 바라보고 있다. 그 이유는 RE100이 그린 택소노미에 대한 선제 대응으로 받아들여지기 때문이다. 그린 택소노미는 간단하게 말해 '에너지원이 친환경인지 아닌지를 결정하는 기준'을 제시하는 분류 체계이다.

독일의 주도하에 유럽의 많은 국가들이 자국의 기업들이 그린 택소노미 기준에 맞는 친환경 에너지를 사용하도록 규제의 방향성을 잡고 있다.

만약 이를 지키지 못할 경우 벌금 부과, 영업 제재 등 다양한 불이익을 받을 위험에 노출될 수 있다. 문제는 이러한 규제가 유럽의 기업만 해당하는 이야기가 아니라는 것이다. 그렇게 하면 유럽 기업의 경쟁력이 오히려 떨어질 수 있기 때문이다.

이를 방지하기 위해 유럽 각국은 유럽에서 기업 활동을 하는 모든 비유럽 기업에게도 같은 강도의 규제를 적용할 전망이다. 비유럽 기업이 그린 택소노미 기준에 부합하지 않는다면, 유럽으로의 상품 혹은 서비스 수출 시 탄소세와 같은 관세를 부과하거나, 시장 진입 자체가 규제에 노출될 수 있다.

이러다 보니, 유럽에서 기업 활동을 하는 세계 규모 대기업들은 그린 택소노미에 선제 대응하는 차원에서 RE100을 선언했으며, 그에 그치지 않고 협력 기업들에게도 RE100에 참여하라고 압박하고 있다. 한국의 대기업인 삼성전자와 LG전자, 현대자동차와 기아자동차 등 유럽에서 활발하게 기업 활동을 하는 곳도 예외가 아니다. 이들뿐만 아니라 대기업의 협력 기업들 또한 RE100 도입을 진지하게 검토하고 있다.

RE100은 기업의 입장에서 현재 시점 또는 가까운 미래 시점의 비용으로 작용할 수 있다. 또한 RE100 달성 성공 여부는 2050년에 대유럽 수출 비중이 큰 기업에게는 커다란 규제 리스크로 작용할 수도 있다. 그러므로 투자자들은 RE100과 관련한 비용과 리스크에 촉각을 곤두세우고 충분한 고민과 분석을 할 필요가 있다.

국내 ESG 트렌드 5. 금융권 탈석탄 선언

2021년 약 100여개 국내 금융기관들이 석탄에 관련된 금융을 하지 않겠다는 탈석탄을 선언했다. 「2021 한국 석탄 금융 백서」에 따르면 2009년부터 2021년 6월까지 석탄 화력 발전과 관련한 프로젝트에 조달된 누적 자금은 74.9조 원이었다. 공적 금융 기관에 있어서는 국민 연금이 9조 8,499억 원으로 가장 많은 석탄 화력 발전 관련 프로젝트에 자금을 조달하였다. 이어서 2위는 수출입은행으로 5조 366억 원, 3위는 무역보험으로 4조 6,680억 원이다. 민간 금융으로는 삼성화재가 8조 2,903억 원을 조달하였다. 2위는 삼성생명 4조 6,985억 원이며 3위는 DB손해보험으로 3조 5,291억 원이다. 매우 많은 자금이 석탄 화력 발전 관련 프로젝트로 흘러 들어갔음을 확인할 수 있다.

탄소 중립과 탈석탄 선언, 모두 현실성이 다소 떨어지며, 실제로 시행될 가능성이 있을지는 미지수다. 그러나 대부분의 기업이 동참할 것을 언급한 상황이다. 그런데 2021년 다수의 국내 금융기관들이 탈석탄 선언을 한 후 2022년 5월 데이터베이스 'FFOC(Finance for Our Climate)'이라는 국내 금융 기관의 최신 기후 변화 정책을 종합적으로 비교 분석할 수 있는 데이터베이스가 만들어졌다. 이 데이터베이스에서는 국내 주요 은행, 자산 운용사, 증권사, 보험사, 정책 금융 기관, 연기금 등의 탈석탄 정책을 정리하고 이행 여부를 확인한다.

이러한 금융권 자금 조달의 탈석탄 추세가 지속될 경우 석탄 화력 발전 관련 기업들은 상당한 타격을 입을 수 있다. 이는 투자처로 석탄 화력 발전 관련 기업들의 매력도가 떨어질 수 있다는 의미이다. 그리고 이러한 현상은 석탄 화력 발전 사업을 영위하는 기업들만이 아닌 이들과 영위하는 사업이 앞뒤로 연결된 연결 산업에 위치한 기업들에게도 적용될 수 있다는 점을 투자자들은 기억해야 할 것이다.

국내 ESG 트렌드 6. K-택소노미

한국 환경부에서도 K-택소노미 지정을 했다. 다만 타국에서 시행하는 제도를 흉내 내어 한국형으로 변형해 적용하려 할 때 실질적으로 실행이 잘 되는 경우는 드물기 때문에 비판적인 시각에서 바라봐야 할 필요가 있다. K-택소노미가 유럽과 얼마나 다를지 예상을 해볼 필요가 있으나, 다만 택소노미가 한국형으로 도입됐을 때 유럽과 크게 차이가 날 가능성은 낮다고 판단된다.

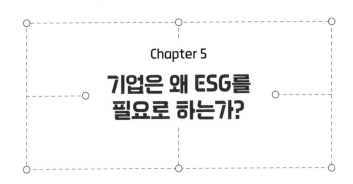

Chapter 5

기업은 왜 ESG를 필요로 하는가?

기업은 대체 왜 ESG를 필요로 할까?

투자자는 기업의 입장에서 생각하는 습관을 들여야 한다. 기업에 왜 이런 행동을 하는가, 항상 고민하는 것이 투자자의 덕목이다.

기업이 ESG를 필요로 하는 관점으로는 크게 3가지를 꼽을 수 있다. 바로 마케팅, 투자와 신사업 전략, 리스크다. 이제부터 하나하나 확인해보자.

마케팅 – 소비자의 입장에서

앞서 언급한 규제들은 모두 리스크에 해당한다고 할 수 있다.

ESG 마케팅은 기업의 수익률을 높이는 방법이다. 현재 기업들은 ESG 마케팅을 눈여겨보고 있다. ESG는 기업 가치에 영향을 주는 비재무적 요소라고 볼 수 있는데, 사실상 ESG 활동이 기업 매출 증대를 가져온다는 것 자체가 마케팅을 의미한다.

활동을 하는 기업이 수익률을 높이려면 2가지 방법뿐이다. 첫째, 매출이 높아져야 한다. 둘째, 비용이 줄어들어야 한다. ESG 마케팅의 핵심은 ESG 활동이 기업의 매출 증대를 가져올 수 있다는 것이다. 그 이유는 소비자의 ESG화다.

친환경 제품과 아닌 것이 있다고 할 때, 이제 소비자들은 가격 차이가 많이 안 난다면 '친환경 제품'을 선택한다. 스타벅스의 경우 정당한 대가를 주고 원두를 사온다고 홍보한다. 이런 제품을 사는 소비자가 늘어나는 것은 바로 소비자의 ESG가 진행되고 있기 때문이다.

소비자의 ESG화는 기업으로 하여금, 기업의 존재 이유에 근원적인 질문을 던지게 한다.

"기업 활동을 왜 하는가?"

어떻게 돈을 벌 것인가, 어떤 사업을 할 것인가가 아니라, 기업 활동을 하는 이유 그 자체에 대해 고민을 하게 만드는 것이다.

그러나 투자자는 한편으로 소비자이기도 하다. 이 책을 읽고 있는 여러분은 실제로 이런 고민을 하고 친환경 제품을 사용하는가? 사회는 이런 '우리'들이 모여 구성되므로, 자기 자신을 기준으로 생각해보면 이 질문에 단순하고도 쉽게 답을 낼 수 있다.

우리 소비자들이 ESG 활동을 하는 기업의 제품을 살 때, 그 기업이 왜 하는지에 대해 정말로 진지하게 고민을 할까? 실제로는 '좋은 기업이구나'라는 이미지로 소비를 하는 경우가 많다. 이를 그린워싱(Greenwashing)이라고 한다.

ESG 투자를 판단할 때 윤리적인 부분에 너무 많은 의미를 부여하면 본질이 흐려지는 경우가 많다. 투자자라면, 소비자들의 ESG화가 진행되는 이유에 대해 '막연한 이미지'를 갖고 있음을 파악해야 한다. 소비자들은 기업 활동을 왜 하는지에 대한 본질적인 고민을 하지 않고, 단순히 '나도 환경을 중요하게 생각한다'는 생각으로 해당 기업의 제품을 선택하는 것이다.

마케팅 – 주주의 입장에서

이번에는 주주의 관점에서 보자.

"우리는 왜 기업에 투자하는가?"

이번에 던질 질문은 바로 이것이다. 답은 간단하다. 돈을 벌기 위해서다.

ESG를 구체적으로 파악하기 힘들어지는 이유는 윤리적 관점을 지나치게 부풀려서 생각하기 때문이다. 대부분의 소비자는 친환경 제품을 하나 사면서 해당 기업의 본질과 존재 이유까지 고민하지 않는다.

실제로 ESG가 기업의 퍼포먼스에 가장 큰 영향을 주는 부분은 '이미지 마케팅'이다. ESG에 맞는 이미지 마케팅에 대해 컨설턴트들은 '수동적인 홍보가 필요하다'고 말하곤 한다. LG전자의 예를 생각하면 이해하기 쉬울 것이다.

LG전자는 좋은 일을 하고 이에 대해 따로 홍보하지 않는다. 그리고 소비자들이 이 사실을 알게 됐을 때 입소문을 타고 널리 알려지게 된다. LG전자에게는 수동적이고 소극적이고 겸손하며 진정성 있는, 호감 가는 이미지가 붙게 되었다.

기업이 알리는 것이 아니라, '알려져야' 이슈가 되는 것이다. 이는 ESG 마케팅의 핵심이기도 하다. 기업들 또한 이 사실을 알고 있다. ESG 마케팅을 하려면 ESG를 실제로 하면 된다. 그러면 알아서 홍보가 된다.

그러나 소비자가 매우 높은 윤리의식을 갖고 기업 활동에 근본적인 질문을 던진다고 프레임을 씌운다면, 이는 곧 소비자에게 윤리를 강제하는 셈이 된다. 가성비를 판단하는 순간이 될 때, 이 윤리는 깨질 수밖에 없다. 투자할 때의 가설과 실제 사이에 괴리가 생기는 것이다.

한 투자자가 윤리의식이 높다고 판단해 어떤 기업에 투자를 했는데, 실제 그 투자자가 소비를 할 때는 막연히 '좋은' 이미지를 갖고 소비를 하거나 가성비가 매우 좋은 다른 제품을 구입하는 경우도 있다. 아무리 호감이 있는 기업의 제품이라 해도, 품질에 비해 너무 비싸면 구매할 수가 없다.

이렇게 되면 합리적인 투자 의사 결정을 위해 만들었던 가설이 깨지는 셈이다. 분명히 하자. ESG를 하는 기업은 ESG를 하려는 것이다.

ESG 마케팅의 핵심은 소비자의 윤리의식이 아닌 수동적, 소극적, 겸손함에서 오는 진정성과 호감이다. 이런 요소들이 가성비와 어우러져 균형을 찾아가게 된다. ESG 요소와 가성비의 줄다리기 그 자체가 ESG 마케팅이라고 볼 수도 있겠다.

투자와 신사업 전략

이번 주제는 사례를 통해서 쉽게 이해할 수 있다. 에넬(Enel)이라는 회사가 성공을 거둔 비결이다. 에넬은 기존 경쟁력에 근거해 신성장 사업 전환에 성공을 거뒀다. 전략 생산 유통에 집중하는 이탈리아 최대 전력사인 에넬이 어느 날, 신재생 원료 100% 전환을 선언한다. 그리고 이를 위해서 지속 가능 채권 10억 달러를 발행한다.

이 지속 가능 채권은 ESG 목표 달성 여부에 따라서 이자율이 변하는데, 2021년까지 55% 신재생 에너지 달성을 하면 채권자에게 낮은 이자율을, 달성하지 못하면 높은 이자율을 주기로 약속한 뒤 자금을 빌려온다. 어떻게 되었을까?

에넬은 신재생, E-모빌리티, 에너지 관리의 글로벌 혁신 기업으로 거듭나게 된다. 본래 기업이 하던 사업의 연장선상에서 변화를 만들어낸 것이다. 그 덕에 비용이 감소할 수 있었다.

에넬의 사례는 신사업 전략의 모범적인 모습을 명확하게 보여준다.

리스크

ESG 리스크는 체계적 위험을 감소시키는 역할을 한다. 체계적 위험이란 시장 전체에 영향을 주는 위험이며, 비체

표준편차(리스크)

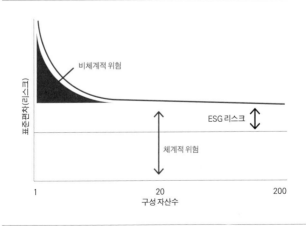

계적 위험은 해당 주식에만 영향을 주는 위험이다.

비체계적 위험은 포트폴리오에 매우 많은 주식을 담으면 사라질 수도 있다. 즉, 분산 가능한 위험인 것이다. 반대로 체계적 위험은 분산이 되지 않는다.

그러나 ESG 리스크는 체계적 위험에 들어가면서도, ESG 활동을 통해 ESG 리스크를 줄일 수 있다고 주장한다. 전체 위험을 감소시킬 수 있다는 뜻이다. ESG의 가장 중요한 포인트는 다른 무엇보다도 리스크를 제어하는 데 있다.

이를 제대로 이해하기 위해서는 ESG 마케팅에 대해 다음 흐름에 따라 다시 생각해볼 필요가 있다.

- ESG 마케팅은 생각보다 성공적이다.
- ESG 마케팅은 성공적이라고 생각된다.
- ESG 마케팅은 성공적이라고 생각하도록 강요된다.
- ESG 활동은 기업의 매출을 증대시킨다.

ESG 활동은 정말로 기업의 매출을 증대시키는가? 기업의 ESG 활동이 중요하다고 주장하는 사람들은 기업이 ESG 활동을 함으로써, 그 활동에서 나오는 영업이익이 증가할 것이라 주장한다.

문제는 이러한 주장에 대한 근거가 사실상 없거나, 제시한다 하더라도 매우 빈약하다는 점이다.

이 주장은 일단 논리적으로 생각해보아도 옳은 주장은 아니다. 많이 양보해서 활발하고 성공적인 ESG 활동이 기업의 이미지를 좋게 만들어 마케팅적인 성공을 거둔다고 가정해보자(물론 성공적인 ESG 활동이 충분한 이미지 제고를 가져오는지도 따져보아야 할 문제라는 점을 잊어서는 안 된다). 성공적인 마케팅 효과는 마진을 높여 효율적인 회사를 만드는 것이 아니라, 매출 규모를 키워 회사의 규모가 커지는 것이다.

여기에 더해 또 다른 문제점이 있다. 만약 모든 기업이 ESG를 잘하게 된다면, 결국 경쟁력을 생각해볼 때 원점으로 돌아가게 된다. 마케팅적 경쟁 우위가 사라지기 때문이다.

ESG는 누구나 할 수 있다는 점을 잊어서는 안 된다. 홍보 효과를 더하는 ESG 활동은 그리 큰 수고를 들이지 않아도 얼마든지 실행할 수 있는 것들이다.

매출에 초점을 맞추고 ESG를 분석하기에는 애매한 측면이 있다. 이런 맥락에서 현재 ESG 전환을 두고 벌어지는 치열한 논의의 대부분은 비용 문제에서 나온다.

간단히 정리하자면, 결국 ESG는 외부 효과의 내부 비용화이다. 기업 활동으로 발생하는 환경오염이나 사회에 대한 영향을 경제적으로 기업에 책임을 지우는 것이 ESG다.

ESG가 당면한 문제점

ESG는 현재 순환 논리에 오류에 빠져 있다. 투자에서부터 시작한 ESG 논리가 윤리적 당위성과 사회적 이슈 사이에서 길을 잃었기 때문이다. 그러나 투자자는 ESG를 철저히 투자의 관점에서, 금융 분야로서 봐야 한다.

다음 파트에서는 ESG 금융에 대해 알아보자.

PART 2

투자자를 위한 ESG 금융

ENVIRONMENT

SOCIAL

GOVERNANCE

현대 모든 산업 분야가 ESG 경영이라는 공통된 목표를 향해 움직이고 있다. 정말 규제 때문인지, 아니면 사회적인 변화 때문인지는 알 수 없다. 어쩌면 그 모든 복합적인 이유가 작용했기 때문인지도 모른다.

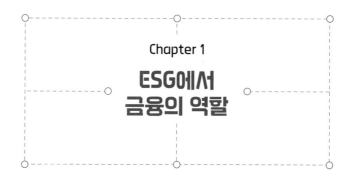

Chapter 1
ESG에서
금융의 역할

이제까지 EGS의 개념과 역사를 간단히 살펴봤다. ESG를 윤리적인 관점이나 소비자의 관점에서 봐서는 안 된다는 것을 충분히 이해할 수 있었을 것이다.

윤리적인 사회를 원한다면, 각자 윤리적인 행동을 하면 된다. 기업이 소비자의 니즈에 맞추길 원한다면, 소비자의 니즈를 조사하고 분석해 맞추면 된다. 투자 또한 마찬가지다. 투자자의 니즈를 맞추길 원한다면, 투자자의 니즈를 조사하고 분석해 맞춰주면 되는 것이다. 그처럼 ESG도 다른 무엇이 아닌, 금융의 관점에서 봐야 한다.

어쩌다 여기까지 왔을까?

ESG는 앞서도 설명했듯이, 2006년 UN PRI(책임투자원칙)를 근간으로 정립한 개념으로, 그 시작부터 이미 투자였다. 투자이기에 선관주의 의무를 저버려서는 안 된다. 최적의 투자 성과를 올리는 것을 최우선시해야 하는 것이다.

ESG 중 국내에서 가장 익숙한 주제인 '환경'은 이미 오래전부터 금융과 관계를 맺어왔다. 한국은 2009년부터 녹색 금융을 운용한 경험이 있고, 그 발전형이라 할 수 있는 탄소 금융에도 이미 경험이 있다. 탄소 금융은 한국도 동참한 파리 협약과 문재인 정부의 공약인 '2050년까지 탄소 중립 달성'을 위한 중요한 메커니즘이다.

이처럼 ESG 가운데서 E는 녹색 금융, 탄소 금융에서 왔고, S와 G는 SRI(사회적 투자)에서 파생됐다. 즉 ESG 투자란 지속 가능한 성장을 달성하기 위해 지금까지 여러 방식으로 추구하던 금융적 노력들을 한데 모아 포괄적으로 실천하려는 시도를 의미하는 것이다.

사회적, 환경적, 거버넌스적…… 그게 무엇이든 사회와 인류를 위한 활동이라면, 금융적으로 해결하는 시도, 노력이 ESG다.

그런데 이런 시도들이 왜 금융 분야에서 이루어지고 있는 걸까? 당위만으로는 목표에 도달할 수 없기 때문이다. 강제성이 어느 정도 따라줘야만 목표가 달성될 수 있다는 깨달음 끝에 '투자'가 가장 좋은 방법이라 판단하게 됐다.

금융이 있어야 기계가 돌아간다

그렇기에 ESG 경영은 사회적 책임과 재무적 성과의 교집합을 추구한다. 여기서 재무적 성과를 포기한다면 그건 ESG 경영이 아니다.

현대 모든 산업 분야가 ESG 경영이라는 공통된 목표를 향해 움직이고 있다. 정말 규제 때문인지, 아니면 사회적인 변화 때문인지는 알 수 없다. 어쩌면 그 모든 복합적인 이유가 작용했기 때문인지도 모른다.

전통적으로 전 산업이 공통된 목표를 향해 움직일 때 가장 필요로 하는 건 금융이다. 자금이 융통되지 않으면 산업 변화를 이루기가 힘들기 때문이다. 금융이 없으면 공장의 기계는 돌아가지 않는다. 돈을 벌어야 비즈니스가 된다는 건 당연한 소리다.

그러나 ESG 관련 사업들은 당장 대규모 투자를 필요로 하지만, 현재 시점에서는 이익을 내지 못하는 사업이 대부분이다. ESG 사업으로 매출을 내는 것은 매우 어렵다. ESG 관련하여 매출을 증대시켜 이익을 낸다는 것이 현재 상황으로는 너무나 어려운 목표인 게 사실이다. 그렇다면 미래에는 이익을 내는 게 가능해질까?

현재 시점에서 예측하기는 사실상 불가능하다. ESG 관련 사업으로 수익을 내려는 방법은 너무나도 복합적이기 때문이다. 지금은 금융을 통한 자본 조달 비용의 절감에 기댈 수밖에 없다. 그래서 금융의 역할이 중요하다.

금융의 역할 3가지

그렇다면 ESG 관련 사업에서 금융은 어떤 역할을 할까?

첫 번째 역할은 사업의 지속성을 유지하게 해주는 장기 시계를 가진 투자이다. 초장기 투자 계약은 일반적으로 주식을 통해 이루어진다. 물론 만기가 영원히 도래하지 않는 영구채가 있기는 하지만 기업들이 돈을 빌리는 채권의 형태를 띤 자본 조달의 방식은 그 돈을 갚아야 하는 만기가 대부분의 경우에는 존재하기 때문이다.

그리고 국내 주식 투자의 큰 손이 있다. 바로 국민연금, 공무원연금, 사학연금과 같은 연기금이다. 연기금들의 경우 규모가 매우 크기 때문에 국내 주식에 많이 투자할 수밖에 없다.

그런데 연기금의 경우 자산 규모가 계속 증가해왔고 가까운 미래까지는 계속 증가할 것으로 예상된다. 국내 인구가 노령화되고 있기 때문이다.

연금 자산의 증가는 곧 듀레이션(duration)의 장기화를 뜻한다. 듀레이션이란 투자 자금을 회수하는 데 필요한 평균적인 기간을 가리키는 말이다. 듀레이션은 보유하고 있는 채권의 가격이 이자율, 금리 변화에 얼마나 민감하게 반응하느냐로 측정된다.

그러므로 듀레이션이 길어진다는 것은 채권의 기간, 즉 연기금 자산이 들어와 있는 기간이 길어지다 보니 보유하고 있는 투자 자금의 가치가 금리변화에 더 민감해질 수밖에 없다는 의미이다. 이 때문에 투자 시계가 매우 길어진다. 지속 가능하지 않으면 안 된다는 뜻이다.

두 번째 역할은 금융 위험의 분산이다. 금융은 이미 예전부터 위험을 분산하는 역할을 해왔다. 여기에 더해 경제적 가치라는 부분뿐 아니라 사회적 가치의 위험 분산 또한 가능하다는 주장이 대두하고 있다. 위험에 비례한 인센티브를 제공하는 것은 현대적인 포트폴리오 이론이다. 현재 우리가 가지고 있는 금융 기법이 가장 잘 추구하고 있는 게 바로 위험에 비례한 인센티브다. 투자자들이 자주 말하곤 하는 '고위험 고수익, 저위험 저수익'이 바로 이에 대한 비유라고 할 수 있겠다. 물론 위험에 비례한 인센티브가 제공 가능해야 한다.

세 번째 역할은 정보 전달이다. 투자자들이 ESG 관련한 주제들에 대해 지속적으로 관심을 가지고 기업을 분석함에 있어 기업의 ESG 활동을 지속적으로 반영한다면 기업들이 추구하는 ESG에 대한 정보가 더 빠르게 그리고 더 광범위하게 공유될 수 있다.

이처럼 정보가 확산되면 현재는 ESG 관련 분석을 하고 있는 몇몇 개인 또는 컨설팅 업체들만 알고 있는 다양한 기업들의 ESG 활동 정보가 시장 전반에 공유된다. 그럼 사회적 가치에 대한 정보 비대칭이 해소되고 객관적 측정 및 공정한 평가 기능을 제공할 수 있다.

기업의 ESG 경영 촉진을 위한 금융의 역할

기업이 ESG 경영을 촉진하도록 금융이 어떤 역할을 할 수 있는지 알아보자. 금융의 역할은 기업 고유의 비즈니스를 영위할 수 있도록 기업에게 자본을 조달해주는 것이다. 금융은 이런 역할을 ESG에서도 할 수 있다.

규제를 통한 ESG 경영 유도는 한계가 존재할 수밖에 없다. 강제적인 것은 경제적 유인이 부족하기 때문이다. 그러나 금융은 기업이 스스로 ESG 관련 활동들을 자신의 비즈니스 영역 안에서 추구할 수 있는 경제적 유인을 설계해줄 수 있다. 이를 통해서 ESG 가치의 시장 거래 활성화를 추진할 수 있다.

또한 ESG 성과와 연계한 금융 중개도 활성화할 수 있다. ESG 성과가 크면 클수록, 그에 비례해 자본 조달 비용을 할인하는 역할을 해줄 수 있기 때문이다. 그러므로 ESG 성과와 연계한 금융 중개의 활성화는 ESG 활동을 활발히 그리고 성공적으로 추진하는 기업에게 있어 자본 조달 비용이 낮아지는 효과를 가져올 수 있으므로, 이러한 기업들의 효용을 증가시킬 수 있다. 자신이 투자한 기업의 ESG 활동을 장려하고 싶은 투자자들의 입장에서는 정치적으로 경영진을 압박하지 않아도 기업이 경제적 유인을 통해 스스로 ESG 활동을 추구할 수 있도록 유도할 수 있기 때문에 투자자들의 효용도 증가할 수 있다. 즉 ESG 성과 연계 금융이 활성화되면 대부분의 경제 주체의 효용이 증가하리라 예상된다.

ESG 측정 및 평가 인프라도 제고하게 해준다. 한국의 상황이나 산업별 특징을 고려해 ESG의 중요도를 판단할 수 있게 해주며, ESG 표준 요소를 고려해서 개량화도 할 수 있다. 이는 측정 인프라에 해당된다.

평가 인프라의 경우 국제적 표준에 부합한 공시, 평가, 회계 인프라를 구축하는 방법이 될 수 있다. ESG 경영 전략을 평가해 신용 등급에 반영하는 것도 가능하겠다.

금융 회사의 역할도 제고할 수 있다. ESG 리서치가 이루어진다는 건, 기존의 기업 분석이 ESG의 영역까지 확대된다는 뜻이다. 그리고 지수 개발과 같은 ESG 정보 비대칭을 해소하고, ESG 투자 및 지분 중개 확대 수탁자 책임을 강화할 수 있다.

금융 기관의 ESG 활용 방식

그렇다면 이번에는 금융 기관이 ESG를 어떻게 활용할

수 있는지 살펴보자. 개인 투자자들 입장에서 매우 중요한 내용이다. 기업이 자본 조달을 할 때는 금융 기관의 역할이 절대적이기 때문이다. 금융 기관이 ESG를 어떻게 활용하느냐에 따라 일반 기업들, 즉 우리가 투자하는 기업들이 자본을 조달하는 방식이 바뀔 수밖에 없다.

하나는 ESG 평가 등급이다. 금융 기관은 ESG 평가 기관의 등급 및 리서치 자료를 활용해서 금리 및 대출 여부 등을 결정할 수 있다. 금융과 직접적으로 연결되는 방식이다.

또 다른 방식은 ESG 인덱스처럼 활용하는 것이다. ESG 벤치마크를 해서 ESG 경영을 잘하고 있는 기업들로 하나의 지수를 만들고, 이 지수에 편입된 기업들에 집중적으로 투자를 할 수도 있다.

그리고 마지막으로는, 가장 중요하다고 판단되는 ESG 통합(integration) 기능이다. 투자 프로세스에 ESG 요인들을 반영하면 긍정적이거나 부정적인 스크리닝(screening)을 통해서 ESG 경영 정도에 따른 투자 의사를 결정할 수 있다.

국민 연금이나 대형 투자기관들이 ESG 기업 활동 참여에 따라서 영향력을 행사할 수도 있다. 경영진과 대화를 하거나, 주주 제안을 하거나, 투표권을 행사하는 등의 관여(engagement)를 할 수 있게 되는 것이다.

　금융 기관들은 이런 방식으로 우리가 투자하는 기업에 ESG를 강제할 수 있다.

지속 가능한 삶을 영위하기 위해

인류가 지속 가능하기 위해 금융이 할 수 있는 모든 일을 '지속 가능 금융'이라고 한다면, ESG 금융은 그 안에 있다고 할 수 있다.

그리고 그 속에 환경, 사회, 거버넌스에 관련된 금융을 ESG 금융이라고 부른다. 그중에서도 환경에 관련된 것인 녹색 금융이며, 특히 기후에 관련된 활동을 기후 금융이라 한다.

기후 금융 정의

지속 가능 금융
ESG + 경제 및 금융 시장 안정

ESG 금융
녹색 금융 + 사회 및 기업 지배 구조

녹색 금융
기후 금융 + 환경 목표
(자원, 생물 다양성, 오염 등)

기후 금융
기후 변화 완화 및
적응에 기여하는
금융 활동

자료: UNEP(2016), ICMA(2020) 참고하여 재구성

기후 변화 리스크

기후 금융은 이미 우리에게 익숙하다. 한국에서 오래 전부터 관련 정책이 시행되고 있기 때문이다. 익히 들어온 탄소 배출권도 기후 금융에 해당된다. 기후 금융이 확장 된 녹색 금융, 거기에서 사회 및 거버넌스를 추가한 ESG 금융, 그리고 이 모든 금융의 지향점은 바로 지속 가능 금 융이다. 지속 가능 금융은 인류가 지속 가능한 삶을 영위

하기 위해서 탄생했다. ESG는 지속 가능 금융을 위한 중간 단계인 것이다.

기후 금융을 제대로 이해하려면 먼저 기후 변화 리스크에 대해 이해해야 한다. 기후 변화는 현재 당면한 위험으로, 기후 상태가 변화하고 극한의 기상 이변이 일어나면서 여러 자산 피해가 발생하고 있다. 대규모 산불, 허리케인, 화산 폭발 등, 이런 기후와 관련한 위험들은 우리가 가진 자산의 가치에 영향을 미칠 수밖에 없다.

투자자로서 우리는 기후 리스크가 어떤 방식으로 영향을 미치는지 제대로 알아야 한다. 먼저 물리적 위험이 있다. 인프라나 유형 자산에 물리적 피해가 발생한다. 그리고 대손 충당도 마찬가지다. 대손 충당이란 잠재적 위험에 대한 손실에 대비해 미리 충분한 자본을 준비해놓는 재무 제표상의 계정이다. 이 계정을 통해서 기후리스크는 기업들의 재무 상태에 다양한 영향을 미칠 수밖에 없다.

예를들어 지구 온난화로 인해 하천 범람의 위험이 높아지면 홍수로 인해 발생할 수 있는 피해를 확률에 근거해 추정해서 대손 충당 계정에 계상해야 한다. 또 다른 예로 공장에서의 지나친 탄소배출로 인해 근로자들이 산업 재해를 입을 수 있는 가능성이 높아진다면 이러한 잠재적 손실 또한 이 계정을 통해 손실로 인식될 수 있다. 물론 실제 손실이 발생한다면 이 계정에 계상되어 있는 액수에서 차감된다.

신재생에너지로의 전환도 위험으로 판단할 수 있다. 저탄소 정책, 즉 원전 폐쇄나 친환경 RE100(탄소 중립 선언)의 실천이 그중 하나다. 에너지 기술 혁신도 위험 중 하나다. 태양광 패널에 달려 있는 태양광 전지의 에너지 전환 효율이 올라감으로 인해서 리스크가 발생할 수 있다. 시장 참여자들이 '비싸도 친환경 제품을 쓰겠다'라고 결심하는, 태도 변화에 따른 위험도 존재한다.

특히 저탄소 경제 전환에 따른 급격한 변화가 최근 매우 큰 리스크로 떠오르고 있다. 탄소 배출을 감축하는 데 들어가는 비용도 있고, 화석 연료 산업의 좌초에 따른 자산 위험도 있다.

평판 위험(reputation risk) 또한 존재한다. ESG에는 비용적인 이슈가 매우 많다. 미래에 어떻게 달라질지는 모르지만, 현재로서는 엮일 수밖에 없는 문제다. 기후 리스크는 실물 경제에 영향을 미치고, 이는 금융 시스템에 또 다른 리스크를 만들어낸다. 금융 시스템의 특성상 한 금융 기관만 리스크가 발생하더라도, 타 금융 기관으로 리스크가 전이될 확률이 높기 때문이다.

그러므로 리스크를 잘 관리하는 것이 중요하다. 대체 왜 ESG 금융을 그렇게 중요하게 여기느냐? 질문이 떠오를 때, 이러한 리스크들로 인해 기관 투자자들이 기후 금융에 관심을 갖게 된다는 사실을 기억할 필요가 있다.

블랙록의 새로운 투자 전략

블랙록(BlackRock)은 세계에서 손꼽히는 자산 운용사로, 기후 변화와 지속 가능성에 대응하기 위해 새로운 투자 전략을 선언했다. 그리고 현재는 기후 금융을 선도하고 있다.

블랙록은 투자 프로세스에 기후 리스크와 관련된 사항을 반영한다. 석탄 발전이 매출의 25% 이상을 차지하는 기업에 대한 투자는 하지 않고, 포트폴리오 CMA의 기후 변화를 통합시켰다. 기업에 투자하는 의사 결정 과정에 해당 기업이 기후 변화에 얼마나 많은 악영향을 미치는가 혹은 좋은 영향을 미치는가가 반영된다는 뜻이다.

포트폴리오 매니저가 직접 어떤 주식을 담을지 결정하는 포트폴리오를 액티브 포트폴리오(active portfolio)라하는데, 이때 기후 리스크를 관리하기 위한 강화 정밀 조사 모델(heightened-scrutiny model)을 사용한다. 주식을 고르는 모델 내에 기후 리스크를 집어넣은 것이다.

또한 상품 및 솔루션 개발도 이뤄지고 있다. 각기 다른 탄소 프라이싱 시나리오별 발행 기관 및 포트폴리오에 대한 스트레스 테스트, 즉 카본 베타(Carbon Beta)를 시행하고 있으며, 리스크 관리 및 투자 테크놀로지 플랫폼인 알라딘 클라이메트(Climate)도 운용하고 있다.

또한 여러 기업에 직접적으로 관여하고 있다. 이사회에 들어가 탄소 집약적 기업 이사 선임을 반대하거나 경고를 하는 경우도 있다. 또한 지속 가능 회계 기준 위원회(SASB, Sustainability Accounting Standards Board)나 기후 변화와 관련한 재무 정보 공개 협의체(TCFD, Task Force on Climaterelated Financial Disclosures) 등 기후 공시를 요구하기도 한다. 블랙록은 매우 적극적인 행보를 보여주는 중이다.

골드만삭스의 환경 관련 원칙 수립

골드만삭스(Goldman Sachs)도 마찬가지다. 골드만삭스는 세계 최대의 투자 은행으로, 모든 의사 결정에 적용되는 환경 관련 원칙을 수립하고, 이를 사업 전반에 반영하고 있다.

환경 관련 원칙(Environmental Policy Framework)은 다음과 같다. 환경 및 사회 리스크를 모든 리스크와 동일한 주의와 규율로 취급한다. 또한 모든 사업 선정에 있어서 환경 및 사회적 영향을 고려해야 한다. 만일 환경 및 사회 리스크가 측정하기 어려운 경우나 골드만삭스의 허용 수준을 상회하는 경우, 또는 골드만삭스의 정책 및 지침과 충돌하는 경우에는 해당 사업을 거부한다.

또한 골드만삭스는 기업 금융(Investment Banking), 글로벌 마켓(Global Markets), 자산 운용(Asset Management), 고객 자산 관리(Wealth Management) 등, 모든 사업 부문별로 ESG와 연계한 상품 및 서비스 제공한다.

기후 금융의 최근 동향과 금융 회사의 대응

금융 기관들은 ESG 요인을 매우 진지하게 받아들이고 있다. 실제로 의사 결정 과정에 이런 요인들을 반영하고 있기에, 결국 산업 전반에 영향을 미칠 수밖에 없다. 금융 회사들이 기후 금융에 대해 어떻게 대응하고 있는지 살펴보자.

기후 변화 주요 원인이 온실 가스 배출이라는 건 이미 과학적 합의가 이루어진 사항이기에, 기후 변화에 정책적으로 어떻게 대응할 것인지로 논의의 초점이 이동하고 있다.

경제학계는 기후 변화를 외부 효과에 의한 시장 실패로 인식한다. 기후에 매우 큰 영향을 미치는 요인들을 기업들이 발생시키고 있는데, 이들이 그에 대한 비용을 지불하지 않기 때문이다. 즉, 외부 효과의 경제적 인센티브가 없기 때문에 이런 문제가 생긴다고 보고, 이를 시장 실패라 하는 것이다.

탄소 가격제는 이런 배경하에 탄생했다. 기업이 발생시키는 탄소에 가격을 부여하자는 것이 탄소세(carbon tax), 배출권 거래제(cap & trade)다. 탄소세는 배출 단위당 세금을 부과하고, 배출권 거래제는 배출 주체별로 배출량을 할당한 후 여분이나 부족분은 서로 거래할 수 있도록 한다.

기업이 탄소를 배출한 만큼 비용을 지불하면 외부 효과의 내재화가 가능하다. 기업이 일으키는 외부 효과에 대해 그 비용을 스스로 지불하기 때문이다. 이것이 규제의 핵심이다.

금융 당국과 중앙 은행은 기후 변화에 기후 공시와 리스크 관리를 통해 대응하고 있다. 기후 변화에 대한 재무적 영향을 파악하기 위해 기후 관련한 정보 공시를 확대하고 있으며, 건전성 규제 체계를 개편하기 위한 논의를 진행 중이다.

기후 금융 상품의 전 세계 시장 규모는 약 8,000억 달러로 추정된다. 이 중 녹색 채권, 배출권 등 기후 관련 펀드 중심으로 시장이 형성되어 있고, 녹색 채권이 2,720억 달러로 가장 큰 비중을 차지하고 있다.

한국 채권 시장도 마찬가지다. 한국의 채권 시장은 글로벌 대비 사회적·지속 가능 채권의 비중이 높다는 특징이 있다. 한국의 경우 녹색 채권 시장이 워낙 잘 발달되어 있다. 아이러니하게도 회사채 시장보다도 더 잘 발달되어 있을 정도다.

녹색 채권 발행 시 시장은 매우 호의적으로 반응하는데, 바로 정부 보조금이 있기 때문이다. 투자자는 이 부분을 잘 인식해야 한다. 한국이 녹색 채권에 호의적인 시장을 가지고 있어서가 아니라, 매칭 펀드와 세제 혜택 등이 존재하고 있기에 매력적인 투자처가 될 수 있는 것이다.

국내 금융 투자 회사는 기후 변화가 회사의 수익성이
나 건전성에 영향을 미칠 수 있다고 인식은 하고 있으나,
이에 대한 대응 정책 및 리스크 관리는 대부분 준비 단계
에 있다. 그러므로 투자 전략 변경이나 공시, 리스크 관리
의 요구가 증대될 것으로 예상된다. 이는 규제적 이슈에
해당한다. 그러다 보니 기후 리스크에 대한 원칙 수립, 조
직 마련이 필요하다. 기업이 이에 대한 비용을 더 지출해
야 하는 상황에 놓여 있는 것이다.

ESG 채권 트렌드

ESG 채권에 대해 좀 더 논의하고 넘어가도록 하자. 특
히 한국 시장에서는 ESG 채권이 매우 특이할 정도로 중
요하다.

ESG 채권은 E, S, G 개선 등의 자금 조달을 목적으로
발행된 채권을 말한다. 실제로 E, S 중심의 투자자는 ESG
채권에 직접 투자하거나, 채권을 발행한 회사의 ESG 성과
를 고려해 투자 여부를 결정한다.

기존의 재무적 성과가 미래의 잠재적 위험을 충분히 보

서가

서울대 가지 않아도 들을 수 있는 명강의

명강

인문

과거와 현재, 그리고
미래로 향하는 인문의 세계

다시 태어난다면, 한국에서 살겠습니까

사회과학 이재열 교수 | 18,000원

"한강의 기적에서 헬조선까지 잃어버린 사회의 품격을 찾아서"

한국사회의 어제와 오늘을 살펴
문제점을 진단하고 해결책을 제안한 대중교양서

삼국시대, 진실과 반전의 역사

국사학과 권오영 교수 | 17,000원

"유물과 유적으로 매 순간 다시 쓰는 다이나믹 한국 고대사"

'제대로 된 역사'를 알고 싶은 독자들에게
값진 감동을 선물할 다이나믹 한국 고대사

마지막 생존 코드, 디지털 트랜스포메이션

경영대학 유병준 교수 | 17,000원

"비즈니스의 미래를 재설계하는 혁신의 비밀"

불황의 공포를 절호의 찬스로 전환하다
디지털 트랜스포메이션에서 발견하는
비즈니스 혁신의 비밀

지금, 서가명강 시리즈로 각 분야

서가명강 BEST 3

서가명강에서 오랜 시간 사랑받고 있는
대표 도서 세 권을 소개합니다.

나는 매주 시체를 보러 간다

의과대학 법의학교실 유성호 교수 | 18,000원

"서울대학교 최고의 '죽음' 강의"

법의학자의 시선을 통해 바라보는 '죽음'의 다양한
사례와 경험들을 소개하며, 모호하고 두렵기만
했던 죽음에 대한 새로운 인식을 제시하다

왜 칸트인가

철학과 김상환 교수 | 18,000원

**"인류 정신사를 완전히 뒤바꾼
코페르니쿠스적 전회"**

칸트의 위대한 업적을 통해 인간에게 생각한다는
의미와 시대의 고민을 다루는 철학의 의미를
세밀하게 되짚어보는 대중교양서

세상을 읽는 새로운 언어,
빅데이터

산업공학과 조성준 교수 | 17,000원

**"미래를 혁신하는
빅데이터의 모든 것"**

모두에게 영향력을 끼치는 '데이터'의 힘
일상의 모든 것이 데이터가 되는 세상에서
우리는 빅데이터를 어떻게 바라봐야 할까?

인생명강

····● 내 인생에 지혜를 더하는 시간 ●····

* 인생명강 시리즈는 계속 출간됩니다.

여주지 못한다는 인식으로 인해 ESG 정보 활용도 확대 추세에 있다.

한국은 2020년 KRX(한국거래소)의 사회 책임 투자 채권 전용 세그먼트를 오픈했으며, 녹색 채권, 사회적 채권, 지속 가능 채권 3가지로 구분되어 있다.

한국이 상대적으로 발달되어 있기는 하나, 전 세계적으로도 ESG 채권은 확대되고 있다. ESG 발행은 선진국 중심의 시장이다. 국제 기구, 정부, 금융 기관이 절반 이상을 차지하고 있으며 채권 내에서도 녹색 채권이 압도적인 비중을 차지하고 있다.

채권 규모는 현재 약 106조 달러 정도이며, 신규 발행 규모 중 ESG 채권 비중은 2015년에는 1% 미만이었으나 2020년에는 5.5%를 차지할 정도로 매우 빠른 속도로 발달하고 있다(한국은 이보다도 더 많은 비중을 차지하고 있다). 앞으로도 ESG 채권의 신규 발행 속도는 더욱 빨라질 것으로 예상되며, 비중 또한 확대될 것으로 보인다.

ESG 채권의 종류

녹색 채권은 신재생 에너지 같은 친환경 프로젝트나 사

회 기반 시설의 투자 자금을 마련하기 위해 발행하는 채권이다. 2015년 파리 협약 이후 녹색 채권에 대한 수요가 급증했다.

사회적 채권, 지속 가능 채권도 녹색 채권과 같은 맥락에 있으며, 코로나 19 대응을 위해 발행량이 현재 증가하고 있다. 노동자의 근로 시간 단축을 채권 발행으로 보존하는 경우도 있다.

지배 구조 채권의 경우 글로벌 사례가 전무하나 개념적 논의는 전개 중이다. 사실 한 기업의 지배 구조를 개선하기 위해 외부에서 그 비용을 대라는 것은 상식적으로 이치에 맞지 않는다. 그럼에도 여기에 정당성을 부여하기 위한 노력은 계속 진행 중이다.

기업의 거버넌스가 좋아지면 수익률이 좋아지는가? 이에 대한 질문은 필요하나, 다만 이것이 주식이 아니라 채권이라는 데에 문제가 있다. 채권의 경우 기업의 퍼포먼스가 좋더라도 의미가 없기 때문이다. 회사가 더 좋은 회사가 된다 해도 채권자들은 이익을 보지 않는다. 이자만 계속 받을 수 있으면 되기 때문에 회사가 망하지만 않으면 된다.

채권자들은 그렇기에 지배 구조가 좋아져 수익률이 올

라간다 하더라도 스스로에게 그것이 어떤 의미가 있는지 고민을 해봐야 한다. 만일 지배 구조 채권이 정말 발행되기 시작한다면, 이에 대한 문제를 먼저 풀어야 한다. ESG 채권에서 E와 S는 가능하지만, G 또한 가능한가? 여기에 항상 의문을 갖고 있을 필요가 있다.

한국 ESG 채권

한국은 녹색 채권으로 ESG 채권을 시작했다. ESG 외화 채권의 발행 규모는 포스코, 한화에너지, 신한금융지주 등 민간 기업들의 발행에 힘입어 증가 추세에 있다. 원화 채권은 208년 KDB 산업은행에서 녹색 채권을 최초로 발행했으며, 최근 발행되는 회사채는 대부분 녹색 채권이다. 현재 녹색 채권 중심에서 사회적·지속 가능 채권으로 확대되는 추이다.

녹색 채권으로 발행한 자금은 친환경 녹색 사업에 한정하여 사용이 가능하며, 자금 사용이 완료될 때까지 매년 조달 자금 사용 보고서를 제출해야 할 의무가 있다. 일반 기업은 녹색 채권 발행이 중심이고, 철강 분야는 탄소 배출 저감 장치가 주요 이슈이다.

이제 채권까지 모두 둘러봤다. 사실 채권은 개인 투자자들에게 그리 중요한 부분은 아니지만, 개인 투자자 또한 큰 그림을 전체적으로 이해할 필요가 있다. 전체 자본 조달 시장, 금융 시장은 주식 시장(ECM, Equity Capital Market)과 채권 시장(DCM, Debt Capital Market)으로 이루어져 있기 때문이다. 채권 시장을 이해하면 주식 시장을 이해하는 데도 이해가 된다.

많은 투자자들은 채권 시장과 주식 시장 분석이 목표만 다를 뿐, 분석하는 결이 같다는 것을 간과한다. 이것은 기업의 업사이드를 보느냐, 다운사이드를 보느냐의 차이이다.

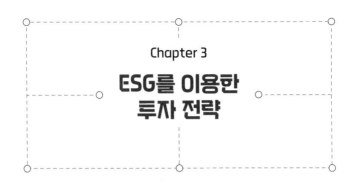

Chapter 3

ESG를 이용한
투자 전략

스크리닝, 인터그레이션, 임팩트 인베스팅

ESG 기본 지식을 잘 쌓았다면, 지금부터 ESG 투자 전략의 기초를 알아보자. 크게 3가지로 나눌 수 있다.

첫째, 스크리닝(Screening)은 시장에서 거르는 것이다. 특정 조건을 부여해 어떤 주식이 안 되고, 어떤 주식은 되는지 거르는 것을 가리킨다. ESG를 이용한 스크리닝으로는 부정적인 사회 가치를 가졌다고 판단되는 기업을 거르는 것이 있겠다.

대량 살상 무기, 핵무기, 담배, 석유, 석탄 기업들이 이에 해당된다. 사실 석탄과 석유 기업이 부정적인 사회적 가치를 가진 것은 아니지만, ESG 스크리닝에서는 이런 기업들을 거르며, 이처럼 투자 포트폴리오에서 미리 제외하고 짜는 것을 두고 배제적 스크리닝이라고 한다.

둘째, 인터그레이션(Integration)은 ESG 등급이 높은 기업들로 구성된 펀드, 기존 인덱스에서 ESG의 고등급 기업 비중을 확대한 펀드 등이 포함된다. ESG 요인을 투자 결정에 반영함으로써 투자 수익률을 향상시키는 걸 목표로 한다.

셋째, 임팩트 인베스팅(Impact Investing)은 위 두 가지와 약간 결이 다르다. 투자 수익과 함께 사회·환경 문제에 긍정적인 영향을 창출하는 것을 목표로 하는 투자를 가리킨다. 특정한 사회 및 환경 문제를 해결하는 데 기여하는 기업, 채권, 프로젝트에 투자하는 것이다.

과거에는 ESG 투자를 두고 스크리닝 전략만 세웠다면 이제는 인터그레이션과 임팩트 인베스팅까지 확대가 되고 있다. 매니저마다 규모나 내부 규정, 비즈니스 모델에 따라 ESG 전략은 다를 수 있다.

허점 파악하기

....

다만 재무적으로 봤을 때, 스크리닝을 하게 되면 모든 기업에 투자할 수 있는 장을 만들어놓고, 거기서 최적화를 하는 것보다 스크리닝을 해서 최적화를 하는 게 수익률이 낮거나 같아야 한다고 판단된다.

결국 내 기대 수익을 극대화시키는 것을 목표로 봤을 때, 스크리닝은 수익률을 낮출 수만 있지 높일 수는 없다. ESG 스크리닝을 잘못 했을 때 재무적 수익을 포기하더라도 사회적으로 유의미한 일을 하겠다는 의미이기 때문이다.

그러나 ESG 금융은 그것이 목적이 아니다. 선관주의의 의무를 다하려 하기 때문이다. 사실 스크리닝이라는 것은 투자자 중에 위의 예시와 같은 회사에 투자하기 싫은 사람들만 모아서 투자를 하지 않는 이상 금융으로 보기는 어렵다.

임팩트 인베스팅으로 넘어가서 보면, 임팩트 창출을 목표로 투자 수익도 함께라 말하지만, 결국 투자 수익뿐만 아니라 위의 예시도 함께 봐야 한다는 뜻이 된다. 약간 애매한 부분이다. 투자 수익에 가장 중요한 요인을 두고 있지 않기 때문이다.

인터그레이션과 임팩트 인베스팅은 사실 같은 개념이 될 수 있다. 인터그레이션은 ESG 요인을 내 포트폴리오를 짜는 데 포함시키겠다는 것이다. 즉 기대 수익이 지나치게 높아져버리면, ESG 요인은 무시될 수도 있다. 그렇기에 우리가 나아가야 하는 방향이 ESG 인터그레이션임은 어느 정도 합의가 될 수밖에 없다. 기대 수익을 포기하지 않으면서도 ESG 요인을 분석에 추가함으로써, ESG를 잘하는 회사에 메리트를 줌과 동시에 내 수익률을 보존하는 것이 제대로 된 ESG 인터그레이션이기 때문이다.

임팩트 인베스팅도 어떻게 해석하느냐에 따라 달라질 수 있겠지만, 인터그레이션과 맥락이 같은 이야기가 될 수도 있다. 다만 위의 3가지를 이해할 때 크게 보면 현재 ESG 인터그레이션을 향해 금융사들이 이동하고 있다는 걸 알아둘 필요는 있다.

ESG 통합

그러므로 ESG 인터그레이션에 대해서 제대로 파악하는 게 선결 과제다. 금융 산업, 특히 투자 산업에서 ESG를 어떻게 바라봐야 하는지에 대한 기준을 제시하는 것이

ESG 인터그레이션이다. ESG 인터그레이션이 곧 ESG 통합이라 할 수 있는데, ESG 통합을 통한 투자 의사 결정은 첫째 리서치, 둘째 포트폴리오 분석, 셋째 투자 의사 결정 세 단계로 이루어진다.

리서치 단계에서는 재무 보고서나 리서치 컨설팅 자료 등을 통해 기업의 ESG 정보를 모은다. 이때 단순히 ESG 정보만 모으는 것이 아니라 기업 자체를 분석해야 한다.

포트폴리오 분석 단계에서는 앞서 파악한 재무 혹은 ESG 요인이 기업이나 산업계, 국가나 포트폴리오의 투자 성과에 어떤 영향을 미칠지 평가를 한다.

마지막으로 투자 의사 결정 단계에서는 위의 분석 결과를 토대로 기업을 매수(가중치 증가) 또는 보유(가중치 유지), 매도(가중치 감수)하는 등의 투자 의사 결정을 내린다. 이를 ESG 통합이라 한다.

ESG 통합의 핵심은 ESG를 통해 수익률을 높이고 리스크를 낮추는 것이다. 단순히 ESG를 잘하는 기업에 투자를 하는 것이 아니다. '재무적 수익을 포기하더라도 ESG에 잘하는 기업에 투자를 해야 한다'와 'ESG로 수익률을 높이고 리스크를 낮추는 것'을 혼동해서는 안 된다.

단순히 비윤리적 산업이나 특정 기업, 국가에 대한 투

자 금지가 마치 ESG 통합인 것처럼 논의되는 경우도 있다. 그러나 이처럼 순수하게 ESG만 추구하려고 포트폴리오의 수익을 희생하는 것은 ESG 통합으로 볼 수 없다. ESG 통합은 전통적 재무 요인에 ESG 요인을 더해서 분석을 하고 결정하는 것이기 때문이다.

ESG 목표를 달성하기 위해 수익률을 희생하고 리스크를 높이는 것은 ESG 금융이 아닌, 사회적 기업의 역할이다. 이 2가지를 투자자들이 완전히 분리해서 생각해야 ESG 금융이 작동할 수 있다. 투자 의사 결정 가운데 재무요인을 무시하거나 희생하면 안 된다는 것이 ESG 통합의 가장 베이스에 있는 최소한의 요건이다.

스크리닝을 오해하지 말라

종종 증권사에서 'ESG 통합을 하려 할 때, 투자 대상에서 제외할 사업이나 기업이 있는지' 자문을 구하는 경우가 있다. 이에 대한 대답은 '없다'이다. 이게 바로 배제적 스크리닝이다. 특정 부문이나 국가, 기업을 기계적으로 배제하는 것은 ESG 통합이 아니라, 오히려 ESG 통합에 반대되는 행위이다.

앞서도 설명한 사항이지만 간단히 다시 한번 짚어보자면, 특정 부문이나 국가, 기업의 투자를 금지하면 투자 범위가 아주 좁아지는 문제가 생긴다. 투자 범위가 좁으면 그만큼 수익을 얻기가 어려워진다. 더 큰 문제는 배제적 스크리닝이 대부분 실무 투자 분석 이전에 시행된다는 점이다.

ESG 통합의 대원칙은 증권 선택, 포트폴리오 구성 등 투자 의사를 결정할 때 기존 재무 정보와 ESG 정보를 함께 다루는 것으로, 범위 안에 있는 모든 부문, 국가, 기업에 투자하는 것을 고려해야 한다.

투자 범위를 좁히는 것이 아니라, ESG 정보를 적용해 범위를 넓히는 것이 핵심이다.

포트폴리오 수익을 희생하지 말라

ESG 통합을 실현하기 위해 포트폴리오의 수익을 희생하는 것 또한 마찬가지다. 왜 ESG 통합을 하는가? 투자 위험을 줄이고 수익을 늘리기 위해, 그리고 잠재적인 투자 위험을 피하기 위해서다. ESG 통합을 했더니 수익이 줄어들었다면 앞뒤가 안 맞는 셈이다.

ESG 정보를 적용하거나 ESG 통합을 시도할 때 어떤 경우라도 포트폴리오의 수익을 희생하는 방향으로 나가서는 안 되며, ESG 통합을 시도하려고 수익을 희생하는 것은 황금 알을 낳는 거위의 배를 가르는 것과 마찬가지다.

전통 재무 요인을 무시하지 말라

ESG 목표를 달성한다면서 전통적인 재무 요인을 무시해서도 안 된다. 투자자들이 가장 많이 착각하는 부분이다. 포트폴리오 매니저들 또한 ESG 포트폴리오를 운영하겠다며 기존에 하던 분석을 무시하는 경우도 있다. ESG에 단순히 집착해 ESG를 잘하는 기업에 투자를 하려 하면 안 된다.

투자를 할 때 고려할 요인은 매우 많다. 영향력을 평가하고 상대적인 중요도를 정해야 하는 건 당연지사다. 기업 투자 성과에 영향을 많이 미칠 요인을 우선적으로 고려를 해야 하고, 그렇지 않은 요인은 조금 덜 중요하니 나중으로 미루거나 중요하지 않은 요인이라면 제외해도 된다.

ESG 전문가들 중에는 ESG를 위해서라면 전통 재무 요인의 일부 혹은 상당수를 무시하거나 희생해야 된다고 이야기하는 이들이 있는데, 이것은 크게 잘못된 말이다. ESG 또한 투자이기 때문이다.

투자 프로세스를 크게 바꾸지 말라

ESG를 반영하기 위해 현재의 투자 프로세스를 크게 바꾼다는 것 또한 문제가 있다. ESG를 고려해야 한다는 것이지, ESG 때문에 모든 게 바뀌어야 하는 건 아니기 때문이다. ESG 통합은 사실상 투자 프로세스를 보완해주는 보조 수단으로 쓰여야 하며, 메인이 될 수 없다. 기업 활동은 어디까지나 기업 활동이기 때문이다.

ESG를 통합을 통해 기업 가치 평가 모델의 방법론 또는 포함되는 여러 팩터들을 크게 바꿔야 한다고 생각하는 자산 운용사들이 종종 나에게 자문을 구할 때가 있다. 극단적인 경우에는 아예 밸류에이션 모델을 다시 만들어줄 수 있는지 문의하기도 한다. 여기에 돈을 써서는 안 된다. 이런 것은 컨설턴트를 써서 새로 바꾸는 것이 아니라, 내부적으로 이 요인을 어떻게 볼지 결정을 해서 '더하면'

된다.

목표는 어디까지나 ESG 정보를 고려하도록 투자 프로세스를 수정하는 것이지, ESG를 중심에 놓고 투자 프로세스를 재편하는 게 아니다. 자신의 투자 프로세스가 있는 상태에서 ESG 요인으로 그것을 보조하도록 만드는 것이 핵심이다.

개인 투자자들도 마찬가지다. 'ESG 잘하는 회사에 투자해야 한다'는 답이 될 수 없으며, 우리는 이것을 잊어서는 안 된다.

Chapter 4

주식 기본 분석에 ESG 요인을 적용하는 방법

ESG 통합이 주식과 채권 분석에 미치는 영향

ESG 통합은 전통적으로 정량 분석보다 질적 분석 위주로 이루어져왔다. 아직까지 ESG 통합을 어떻게 할 것인가 대한 논의는 매우 많다. 과거에는 대부분 숫자보다는 ESG는 어떤 식으로 잘하는 회사인가에 대한 주장이 주를 이루었으나, 2018년부터는 서서히 숫자에 집착하는 방향으로 담론이 이루어지고 있다.

ESG 지수를 만들고 ESG 점수를 부여하기 시작하면서 많은 매니저들이 정량적 분석에 과도하게 집중하게 된

CFA-PRI 조사 결과

		2017년	2022년
ESG 이슈가 주가에 미치는 영향	환경 이슈	23%	52%
	사회 이슈	23%	46%
	거버넌스 이슈	58%	65%
ESG 이슈가 회사채의 수익률 / 스프레드에 미치는 영향	환경 이슈	15%	40%
	사회 이슈	15%	35%
	거버넌스 이슈	41%	53%
ESG 이슈가 국채 수익률에 미치는 영향	환경 이슈	12%	31%
	사회 이슈	18%	32%
	거버넌스 이슈	35%	44%

것이다.

그러나 ESG 통합은 정량, 정석 둘 다 봐야 한다. 이에 대한 조사 결과는 위와 같다. 2022년의 경우 기본적으로 ESG 이슈가 주가, 회사채의 수익률/스프레드 그리고 국채 수익률에 미치는 영향이 모두 증가했음을 알 수 있다. 특히나 2017년에는 환경이나 사회 이슈의 경우 회사채나 국채 모두에 큰 영향을 주지 않을 것으로 예상된 데 반해, 2022년에는 영향을 미칠 수 있다고 생각하는 매니저의 비중이 최소 2배 많게는 2.5배까지 늘었다.

이러한 결과는 매니저들의 의견을 취합을 한 것으로,

어떤 이슈를 봐야 할지 이야기를 한다. 다만 정량과 정성 모두 보기 위해 우리가 해야 할 가장 단순한 일은 기본으로 돌아가는 것이다.

주식 기본 분석에 ESG 요인을 적용하는 방법

우리 투자자들이 할 수 있는 가장 합리적이고 질 좋은 분석에 ESG 요인을 추가하는 것이 정답이다. 그렇다면 우리가 할 수 있는 가장 쉽고 익숙하며 잘할 수 있는 분석은 무엇일까? 바로 기본 분석이다. 주식 투자를 하는 사람이라면 누구나 처음에 배우는 것들이다.

재무제표, 산업, 거시 경제와 같은 기업의 경제 활동에 영향을 미칠 수 있는 모든 정보를 갖고 기업의 내재적 가치를 분석해내는 것이 바로 기본 분석이다. 여기에 ESG 요인을 더해주기만 하면 된다.

ESG를 잘하는 회사라도, 회사의 수익은 영업에서 나온다. 회사의 가치는 그 영업으로 벌어들이는 매출에서 나온다 '내가 벌어들인 돈—내가 쓰는 돈'에서 회사의 가치가 나온다는 사실 그 자체는 변하지 않는 것이다. ESG를 잘하거나 못해도 절대 바뀌지 않는다. 돈을 못 버는 회사가 ESG를 잘한다고 해도 회사 가치는 높아지지 않는다. 반대로 돈을 잘 버는 회사가 ESG를 못 하더라도 그곳에 투자를 하는 건 당연한 일이다.

기본 분석의 요소들을 간단하게만 짚어보고 넘어가도록 하자.

기본 분석의 요소

첫째, 수익이다. 수익을 예측할 때 중요하게 볼 것은 산업의 성장성, 기업의 시장 점유율 변화다. ESG 관련 규제는 산업의 성장성에 영향을 준다. 기업의 시장 점유율 역시 ESG의 영향을 받는다. 소비자가 ESG를 얼마나 중요하게 보고 기업에 어느 정도의 ESG 경영을 기대하는지, 기업이 ESG에 얼마나 잘 대응하고 있는지에 따라 기업의 시장 점유율 또한 변한다.

ESG를 도입한 친환경 기업이라 소개하면서 정작 ESG에 대응하지 못한다면 실망한 소비자는 그 기업의 제품을 찾지 않을 것이다. 기업의 주식 가치를 평가할 때 ESG 요인의 영향을 예측, 통합하면 기업의 수익 증가율을 투자 기회 수준으로 높이거나, 위험 수준으로 낮출 수 있다.

둘째, 영업 비용·영업 이익률이다. ESG 요인은 기업의 영업 비용에 영향을 미칠 수 있다. ESG 목표를 경영에 반영하면 자연스럽게 비용 또한 변화한다.

예를 들어 기업이 에너지를 소비할 때 화석 연료 의존도를 낮춘다고 한다면, 단기적으로는 영업 비용이 증가한다. 에너지를 만드는 현존하는 모든 연료들 중 화석 연료가 비용이 가장 낮기 때문이다.

그러나 장기적으로 보면 ESG 효과로 영업 비용을 줄일 가능성이 있다. 왜냐하면 향후 ESG의 중요성이 부각되면서 기업들이 환경에 미치는 나쁜 외부 효과의 사회적 비용을 떠안게 된다면 화석 연료에 덜 의존하는 기업일수록 이러한 외부 효과의 사회적 비용을 상대적으로 낮게 부담할 수 있기 때문이다. 이러한 효과를 기업의 주식 가치에 반영하는 것이다.

셋째, 자본 지출이다. 기업이 ESG 목표를 달성하려면 자본을 추가로 지출해야 한다. ESG를 위해 태양광이나 폐수 처리 시설을 설치하려면, 산업 재해 보험에 가입하려면, 돈이 드는 것과 마찬가지다.

ESG 목표를 달성하는 과정에 환경 오염 벌금, 산업 재해 보상금을 피하는 등 자본 지출을 줄이는 것도 가능하다. 따라서 ESG 요인에 따른 자본 지출 변화도 기업의 주식 가치에 반영하는 것이 필요하다.

ESG 지수와 주식 수익률의 관계

ESG 지수는 기업이 ESG 활동을 얼마나 잘하고 있는지, 또는 잘 못하고 있는지를 판단할 수 있는 척도이다. 미리 정해놓은 ESG 활동에 대한 기준들(예를 들어 신재생 에너지 사용 비율, 탄소 저감 장치 사용 비율, 사회 공헌, 거버넌스 투명화를 위한 노력 등)을 이용하여 각 기업들의 ESG 활동을 평가하고 그 기준들에 맞는지를 확인하여 지수를 구성한다. 이렇게 산출된 ESG 지수는 다양한 투자 의사 결정을 내리는데 활용될 수 있다. 결국 ESG 지수를 올바르게 산출했다면, ESG를 잘하는 기업에 더 높은 ESG 지수가 주어진다는 의미이다.

많은 수의 ESG 컨설팅 업체들, 그리고 ESG 관련 투자 자문사들이 ESG를 잘하는 기업의 주식 수익률이 높다는 주장을 한다. 실제로도 그럴까? ESG 지수가 올바르게 산출되었다면 ESG 지수 분석을 통해 이러한 주장에 대한 통계적 근거, 실증적 근거를 제공할 수 있게 된다. 그리고 실제로 분석을 해보면 ESG를 잘하는 기업의 주식 수익률이 높은지에 대한 실증적 근거는 어떻게 보면 맞고 또 어떻게 보면 맞지 않다.

샘플을 어떻게 잡느냐에 따라 그 답이 달라지기 때문이다. 예를 들어 2022년 말에 종가가 10만 원인 회사가 있다고 해보자. 위의 주장대로, ESG를 잘해서 2023년 수익률이 잘해서 20%가 났고, 종가가 12만 원이 됐다. 2024년에도 이 기업은 ESG를 잘할 예정이다. 그러면 또 2024년에도 수익률이 20%가 난다. 2024년에는 종가가 14만 2,000원이 됐다고 쳐보자. 2023년에서 2024년 사이에는 ESG를 계속 잘하고 있어서 바뀐 게 없는데 또 주식이 20%가 올랐다.

이 경우 두 가지를 생각해볼 수 있다. '왜 2023년에 42%가 오르지 않았을까?'

논리가 그렇기 때문이다. 2022년에 이 회사가 ESG를 잘하기 시작해 20% 수익률을 냈고, 2024년에도 계속 잘했다. ESG를 잘하는 기업이 수익이 많이 났다면, '원래 2023년에 20%, 20% 두 번이 올랐으면 42%가 이미 올라야 되는 것이 아닌가?'

수익률이 높다는 것에는 함정이 있다. 수익률이 좋으려

면 주가가 계속 올라야 한다는 것이다. 수익률이 계속해서 좋다는 것은 주가가 계속 오른다는 소리인데, ESG를 잘해서 주가가 오른다. 그런데 주가가 계속 올라가려면 반대로 생각해볼 때, '어차피 ESG를 잘하는 건 지금 다 올라야 되는 것 아닌가?'라는 것이다.

그러면 역으로 생각해볼 수 있다. 오히려 ESG를 잘하는 기업의 주가가 천천히 오른다는 것으로 해석이 될 수 있다는 것이다.

수익률이 계속 좋다는 이야기는 주가가 계속 오른다는 소리고, ESG를 잘하는 기업이 '잘하는 보장이 됐다'는 것은 초반에 모두 올라가야 되는 가치라는 것이다. 그럼 오히려 투자자의 입장에서는 한 번에 실현할 수 있는 수익을 여러 번에 나누어서 실현하는 것 아닐까?

위 내용의 포인트는 이 주장의 비논리성을 설명하는 데 있다. ESG를 잘하는 기업이 수익률이 높다면, 논리적으로 봤을 때 이 의미가 성립이 될 것이다. 그러면 결론적으로 ESG를 잘하는 기업은 주가가 천천히 오른다는 말이 된다.

즉, ESG를 잘한다고 계속 주가가 오른다는 것은 논리적으로 옳을 수 없는 명제다. 이는 주가에 ESG 활동 정보가 얼마나 반영되어 있는가에 대한 이야기이다. ESG 활동의 증가가 수익률을 높일 수는 있다. 그러나 물론 ESG를 이전보다 잘하는 것이 수익률에 긍정적이라는 주장 또한 검증해봐야 할 문제이기는 하다.

그래서 정확히 위 명제를 수정하면 'ESG 활동의 증가가 주식의 수익률에 긍정적인 영향을 미친다면, 기업의 ESG 활동이 이전보다 증가하여 주식 수익률이 오를 수 있다'가 된다. ESG를 계속 잘하는 기업의 수익률이 계속 높다면, 사실 주가는 처음에 충분히 오르지 않았다는 의미이고, 이는 투자자 입장에서는 부정적인 이야기다. 오늘의 1억이 내일의 1억보다 좋기 때문이다.

그래서 ESG를 잘하는 기업이 수익률이 높다는 것을 액면 그대로 해석하면 역설적으로 시장은 기업의 ESG 활동을 충분히 즉각적으로 반영하지 않는, 과소 반응(underreaction) 한다는 의미가 된다. ESG를 잘하는 기업의 주식을 비싸게 사야 한다는 의미로 바꿀 수 있다.

ESG를 잘하는 기업은 ROI가 높을까?

그러면 이제 그다음 명제를 뜯어서 보자.

'ESG를 잘하는 기업은 ROI(Return On Investment)가 높을까?' 즉, 돈을 잘 벌까?

ESG를 잘하는 기업은 ROI가 높아 주식 수익률이 좋다는 주장이 있다. 높은 ROI라는 것은 높은 수익률을 이야기한다. ROI, 즉 Return On Investment는 투자에 대한 높은 수익률이라는 뜻이다. 높은 수익률은 ESG 지수와 수익률의 관계와 같은 이유로 비논리적이다.

정확히는 ROI 상승이 더 맞는 말이다. ESG가 증가하게 되면 ROI가 증가한다는 말이 더 옳다. 그러나 재미있게도, ESG를 잘하는 기업은 비용이 높을 확률 또한 높다. ESG는 추가 비용을 유발하기 때문이다. 그래서 ROI가 낮아진다.

다만 ESG를 잘하는 기업은 매출이 오를 수 있기에 ROI가 올라간다. 트레이드 오프(Trade off)가 존재하는 것이다. ESG를 잘하는 기업은 비용이 높았기 때문에 ROI가 내려가고, 매출이 오를 수 있기에 ROI가 올라갈 수 있어 트레이드 오프가 분명히 존재한다.

실증적으로 보면 ROI와 ESG 간의 상관관계가 없어 보일 수도 있다는 것이다. 어쩌면 'ESG를 잘하는 기업이 돈을 잘 버는 게 아니라 돈을 잘 버는 기업이 여유가 있어서

ESG를 잘하는 것은 아닐까?'라는 생각도 해볼 필요가 있다. 이게 사실이라면 기존 주장은 다 틀린 것이 된다. 동시에 높은 주식을 스크리닝 하는 데 ESG 수준이 도움이 되는 것은 또 맞다는 역설적인 상황에 놓이게 된다.

이는 사실 개인 투자자와 학자의 차이가 된다. 만약에 이 논리가 사실이면 학자들은 기존 주장이 다 틀리다는 것에서 멈춰야 한다. 왜냐하면 그것이 틀렸고 논리적으로 맞지 않는 말인데, 역설적으로 개인 투자자의 입장에서는 그래서 오히려 역(逆)원인 관계가 형성되는 것이다.

이렇게 되면 ESG를 가지고 수익이 높은 기업을 스크리닝을 할 수 있게 된다. 그러니 오히려 역인 논리가 성립을 해도, 투자자들한테는 도움이 된다.

이 모든 것들에 대해 투자자들은 곰곰이 생각을 해봐야 한다. 다음 파트에서는 산업과 기업에 대한 이야기를 할 예정이다. 이런 주장의 의미에 대해 투자자들은 고민을 해봐야 하고, 이 주장들이 모두 틀렸더라도 오히려 결론적으로는 맞을 수도 있다. 그것을 이용하는 투자자 입장에서는 옳으냐 그르냐를 떠나, '이용'할 수 있기 때문에 우리는 비판적으로 따지고 이해할 필요가 있다.

빅 프로핏 대 굿 프로핏

기존의 수익을 잘 내는 기업 중에 ESG를 고려해야 한다는 건, 결국 수익을 내는 기업 중에서 지속 가능한 수익을 내는 기업을 찾아내야 한다는 것이다.

빅 프로핏(Big Profit)는 전제 조건이다. 극단적으로 말하자면 회사는 당연히 수익을 내야 한다는 의미이다. 유의미한 수익을 내지 못하는 회사는 투자자들이 외면하기 때문이다.

굿 프로핏(Good Profit)은 지속가능한 수익을 의미한다. 수익을 내며 그 과정에서 '잘하고 있는 기업'과 수익을 내는 기업 중 '지속 가능한 수익을 내는 기업'은 대결 구도가 아니라, 두 가지 모두 고려해야 한다.

빅 프로핏은 이해하기, 그리고 판단하기 쉽다. 영업이익이 많으면 된다. 굿 프로핏의 필요성은 직관적으로 이해는 가지만 굿 프로핏을 판단하는 기준은 쉽게 생각하기 어렵다. 2019년 기준 『포브스』 억만장자 순위에서 8위를 차지한 코크인더스트리즈의 회장 찰스 코크는 굿 프로핏을 "고객이 필요로 하는 가치를 제공하고, 고객은 소비로서 기업에게 보답하여, 사회 전체의 선순환을 추구하는 경영 원리"라고 설명한다.

굿 프로핏의 원리는 매우 간단하다. 기업은 고객을 위해야 한다. 고객을 위한다는 의미는 변화하는 고객의 니즈를 계속해서 파악하고 끊임없이 혁신하는 것이다. 그리고 고객은 이러한 기업의 고객을 위한 자세와 노력에 보답해야한다. 이러한 주고받는 선의와 노력은 사회적인 선순환을 일으키는 것이다.

이에 반해 배드 프로핏은 기업이 매출이 일어나는, 고객에게 상품을 팔고 있는 현실에 안주하며, 높은 가격으로 소비자에게 부담을 주고 담합과 같은 불공정 거래를 통해 소비자와 사회에 피해를 입히면서 창출하는 수익을 의미한다.

이러한 배드 프로핏은 단기간에 기업의 성과를 끌어올리는 데는 도움이 될 수 있으나 (당연히) 지속 가능하지 않기 때문에 장기적으로는 반드시 기업에게 나쁜 영향을 미친다.

2002년 노벨 경제학상 수상자인 버논 스미스는 찰스 코크가 주장한 굿 프로핏을 추구하는 기업은 시장을 중심으로 하는 경영을 추구하게 되면 자연스럽게 성공을 향해가도록 되어 있으며, 올바른 기업문화가 정착된다고 이야기했다. 버논 스미스에 따르면 굿 프로핏을 추구하는 기업은 고객과 사회에 기여하고 사람에 초점을 맞춘 비전을 제시해야만 한다.

종합적으로 보았을 때 기업이 굿 프로핏을 추구한다는 것은 환경, 사회, 거버넌스를 중시하는 ESG와 일맥상통한다고 볼 수 있다.

ENUIRONMENT   SOCIAL   GOUERNANCE

PART 3

ESG 투자 에센스
: 산업편

ENVIRONMENT

SOCIAL

GOVERNANCE

만약 '그것'이 기대 현금 흐름이나 현금 흐름의 위험
성에 영향을 미치지 않는다면, '그것'은 기업의 가치
에 영향을 줄 수 없다.

Chapter 1

ESG가 섹터
투자에 미치는 영향

분석을 할 때 ESG를 어떻게 반영해서 봐야 할까? 우리 투자자들이 정말 궁금해야 할 것은 이것이다. ESG는 규제도 산업도 모든 것이 아직 발전하는 단계에 있다. 자리 잡혀 있지 않기 때문에 언제 어떻게 바뀔지는 아무도 모른다.

기본 개념이나 핵심 이슈가 바뀌지는 않더라도 상황과 영향력, 방향성은 수시로 바뀔 수 있다. 그러므로 'ESG가 산업에 이러저러한 영향을 미칠 것이다'라고 말하는 것은 그리 큰 의미가 없다.

현 단계에서는 ESG 이슈가 터질 때마다, 또는 새로운 무언가가 나올 때마다, 투자에 그러한 것들을 어떻게 반영해야 할지 알아두는 것이 최선이다.

우선순위는 산업이다. 기업은 자신이 속한 산업에서 절대 자유로울 수 없다. 어떤 특정 기업의 수익률, 기대 수익, 퍼포먼스, 펀더멘탈(fundamental)을 보려 한다면, 당연히 그 기업이 속한 산업을 봐야 한다. 예를 들어 삼성전자는 반도체 산업에 속해 있으니, 반도체 산업과 함께 확인해야 하는 것이다.

ESG가 섹터 투자에 미치는 영향

ESG 점수는 여전히 논쟁이 분분하다. ESG 점수가 100점 만점에 72점인 곳과 64점인 기업, 그리고 100점이 있는 기업이 있다고 하면 무조건 100점인 기업에 투자를 하고 64점이 있는 기업에는 투자를 하면 안 되는 걸까? 그렇다면 72점인 기업은 잘한 쪽일까 못한 쪽일까? 이에 대한 답은 아무도 모른다.

ESG 점수는 투자가 아니라, 기업의 ESG 퍼포먼스에 대한 이야기이기 때문이다.

앞서 자세히 설명했듯이 기업이 ESG를 잘한다고 수익률이 높다면, 오히려 그 기업은 현재 자신의 가치가 다 반영되지 않은 상황이다. ESG 점수를 투자로 연결시키면 논리적 모순이 존재한다.

그럼에도 투자계에서는 ESG 점수를 놓고 이야기하려는 경향이 보인다. 그러나 그것은 투자자들이 정말 원하는 바가 아니다. ESG 점수만으로 실제로 투자를 하다 보면 수익이 안 나기 때문이다.

실증 분석을 해보면 ESG 점수와 실제 투자 결과의 상관관계 또한 그리 많지 않다는 걸 알 수 있다. ESG 점수가 투자 수익을 위해 만들어진 게 아니기 때문이다.

그럼에도 투자에 쓸 수 있는 것처럼 프레임을 만들어놓고 밀어붙이기 때문에 이런 문제가 생긴다. 개인 투자자들 입장에서는 ESG 점수를 볼 때, 여기서 어떤 시사점을 얻어야 할지 알 수 없는 게 당연하다.

우리 투자자들은 ESG가 다가와서 세상을 바꾸게 되면, ESG 관련 산업들이 어떤 변화를 겪을 것인가를 궁금해 해야 한다. 자신이 직접 이해하고, 분석하는 게 먼저라는 소리다.

투자자들은 '어떤 기업이 ESG를 잘하니 투자하라'는

그린워싱을 원하는 것이 아니다. 투자자들은 스스로 생각하고 판단할 수 있는 근거를 마련하고 싶어 한다.

이제는 ESG 시대의 도래로 산업별로 생겨날 변동을 앞으로 어떻게 파악해야 할지, 이해하는 법을 익혀보자.

ESG 시대의 사양 산업?

몇 가지 분야를 예로 들어 알아보자.

우선 제일 많이 언급되는 것은 정유·화학 산업이다. 일반적으로 ESG 시대에 정유나 화학은 사양 산업이라고들 말한다. 친환경 에너지인 태양열, 풍력, 수력 등이 미래의 에너지원을 대체하기 시작하면 정유·화학은 사양길로 들어설 것이라 예상되기 때문이다.

여기에 코로나 19도 가세하면서 석유 수요가 감소하고 유가도 하락하고 정제 마진도 감소했다. 당연히 기업의 매출도 대폭 감소할 수밖에 없다. 실제 2020년에는 주요 에너지 기업의 매출이 30~40%가 줄었다.

다만 러시아의 우크라이나 침공으로 2021년 기름 가격과 천연가스 가격이 다시 오르면서 매출이 회복세를 보였다. 러시아의 우크라이나 침공은 에너지가 가장 큰 원인이다. 석유와 천연가스를 판매하고 있는데, 미국에 경제 제재를 가하려 하고, 러시아 내부적으로도 경제 문제가 많아 석유 수요가 감소하고 있기 때문이다. 경제적으로 어려움이 있기 때문에 유가를 올리기 위해서 전쟁을 벌인 것이다.

결국 에너지 기업의 매출 회복의 원인은 에너지 산업에 있어 근본적이고 긍정적인 변화가 아니라 일시적인 외부 효과에 의한 이유였다.

이런 러시아의 상황과 비슷하게, 업계 불황으로 인해 유럽 메이저 기업들은 풍력, 수소, 바이오 산업에 투자하기 시작한다. 미국도 마찬가지로, 오바마 정권 시절부터 바이오 연료를 곡식에서 채취하겠다는 논의가 나오고 있는데, 이 또한 같은 맥락이다.

향후 10년 동안은 국내 신재생 에너지 관련 투자 금액이 30조 원 이상으로 예상된다. 당연히 여기까지 오면 앞으로 정유·화학 산업은 하락세일 거라 단순하게 생각하기 쉽지만, 플라스틱도 석유화학 산업에 포함된다는 점을 기억해야 한다. 원유로 플라스틱을 만들기 때문이다. 저탄소 기술 전환이라는 방향은 맞지만, 플라스틱 재활용이 정유·화학 산업에 새바람을 일으킬 것으로 예상되기 때문에 사양 산업이라 볼 수 없다.

이러다 어느 순간 ESG 산업이 갑자기 원자력으로 넘어가거나 신기술이 발견돼서 석유를 깨끗하게 쓰는 길이 생길 수도 있다. 그러면 이 모든 이야기가 완전히 바뀌게 되는 것이다.

그럼에도 방법론은 동일하다. 산업에 대한 이해가 먼저라는 사실을 기억하자. ESG가 어떤 것이라고 정의를 내려버리고 자신의 분석과 틀에 스스로를 가둬서는 안 된다.

아이러니한 ESG의 영향

신재생 에너지 산업도 마찬가지로, 단순히 ESG를 잘하고 있다고 착각하는 경우가 많다. 그러나 하나하나 뜯어보면 의외로 위험성이 높아지고 있다는 사실을 알 수 있다. 신재생 에너지 기술이 발전하면서 비용이 줄어드는 속도가 계속 낮아지고 있기 때문이다. 이는 위험과 불확실성이 계속 높아지고 있다는 의미도 된다.

기술의 진보에 따라 신재생 에너지 산업이 더욱 발전해야 하지만, 기술의 진보라는 측면의 불확실성이 커져가고 있기 때문에, 산업 자체의 위험성이 계속 높아지는 것이다. 그러다 보면 가성비가 나빠진다.

우리 투자자들은 가성비를 측정할 때, 기대 수익을 변동성으로 나눠서 측정한다. 그 변동성 대비 기대 수익이 계속 떨어지는 중이다.

예를 들면 A라는 회사의 주식은 기대 수익이 8%이고 다른 B라는 회사의 주식은 기대 수익이 35%라고 가정해 보자. 투자자는 B 주식의 압도적으로 높은 기대 수익만을 보고 B에 투자가 더 좋다고 생각하지는 않는다. 왜냐하면 주식 수익률의 기대치만이 아닌 불확실성으로 측정되는 위험도 고려해야 하기 때문이다.

일반적으로 주식 수익률의 위험은 표준편차로 측정한다. A회사 주식 수익률의 표준편차가 2%이고 B 회사 주식 수익률의 표준편차는 35%라고 가정하자.

그렇다면 투자자 입장에서 보았을 때, 한 단위(표준편차 1%)의 위험을 감수해야 할 때의 기대 수익률이 바로 투자의 위험 대비 수익률, 즉 가성비가 된다.

기대 수익을 수익률의 표준편차로 나눈 비율을 우리는 샤프비율(Sharpe Ratio)이라고 부른다.

위 예에서 주식 A의 샤프비율은 4, 주식 B의 샤프비율은 1이다. 즉 한 단위의 위험에 노출되었을 때 주식 A는 주식 B에 비해 4배 높은 수익률을 투자자에게 제공한다. 즉 주식 A에 대한 투자는 주식 B에 대한 투자보다 위험이라는 비용 대비 수익이라는 성능이 4배 높다는 의미이다.

위에서 기술의 진보에 따라 신재생 에너지 산업이 더욱 발전해야 하지만 불확실성도 커지기 때문에, 산업에 대한 투자의 가성비가 나빠진다고 이야기했다. 그럼에도 불구하고 신재생 에너지 산업의 기대 수익이 계속 올라가고 있다고만 이야기되는 것은, 투자가 많이 이루어지기 때문이다. 그러나 그건 전체 그림을 보지 못하는 판단이다.

아이러니하게도 기계 분야에서는 신재생 에너지의 수요 증가로 전력 기기의 수요 또한 증가하고 있다. 특히 ESS(에너지 저장장치)가 그렇다. 기계는 고성장이 예측되는데, ESG 관련 행동을 하기 위해 기계가 필요하다.

조선 산업은 환경 규제의 영향으로 선박과 대체 연료의 수요가 증가할 것으로 예상된다. IMO(국제 해사 기구)나 MEPC(해양 환경 보호 위원회)는 76차 총회에서 기존 선박도 신조선 수준의 연료 효율을 규제하겠다고 발의했다. 이는 이미 보유한 배에도 새로 만드는 배만큼의 연료 효율이 나와야 한다는 의미다. 규제 리스크에 해당되는 이슈다. 기존 선박을 많이 보유한 기업일수록 비용이 많이 들 것이고, 신규 선박을 갖고 있는 기업에게는 상대적으로 유리한 환경이다.

결국 조선업에서 중요한 것은 환경 규제로, 한국에는 유리하게 작용할 수 있는 기회다. 규제가 바뀌면 조선 산업 자체가 바뀔 수밖에 없다. 우리 투자자들은 이런 새로운 이슈들이 발생할 때마다 분석을 업데이트할 수 있는 역량을 키워야 한다.

주요 산업 완전 분석

건설 산업도 마찬가지로 RE100, 즉 탄소 배출 제로는 건설업의 친환경 관련한 새로운 기회를 열어줄 수 있다. 예를 들어 삼성엔지니어링은 탄소 중립과 친환경, 코오롱글로벌과 SK디앤디는 풍력, 아이에스동서는 폐기물, DL이앤씨는 수소, GS는 수처리 등 각자 특화 분야들이 있다.

쌍용C&E의 경우 특히 주목해야 할 회사다. 2021년 3월에 쌍용양회라는 회사에서 사명을 변경하고, 탄소 배출 절감과 폐기물에 집중하는 청사진을 제시했다. 또한 2025년까지 환경 사업 비중을 전체 영업 이익의 50% 이상으로 확대할 계획을 밝혔다. 2년간 유연탄을 대체하는 순환 자원 설비에 1천억 원을 투자하고 폐열 발전 설비 확충에 주력할 예정이다. 아마도 이 업계에서 가장 진지한 회사가 아닐까 생각된다.

자동차 산업은 ESG 대응 역량을 강화하는 중으로, RE100 선언에 대부분의 자동차 회사들이 들어갔다. 현대차, 기아차는 물론 전 세계적인 자동차 기업이 RE100 선언을 했다. 전기차로 전환하겠다고 발표하고 실제로도 전기차가 나오고 있는 중이며, 폐배터리 활용 ESS 사업에도 뛰어들고 있다.

뒤에서서 자동차 산업, 특히 전기차에 대해서는 다시한번 분석할 테지만, 간단히 살펴보자. 단기적으로는 큰 비용을 유발할 것으로 보인다. 자동차 회사들의 마진이 계속해서 줄어든다는 뜻이다. 특히 현금 흐름에 있어서는 더 큰 문제를 일으킬 수도 있다.

그러나 이처럼 비용이 듦에도 불구하고 장기적으로 기업 활동에 얼마나 도움이 될지는 명확하지 않다. 전기차의 경제성이 그리 뛰어나지는 않기에 비즈니스 모델로 적합한 것인가에 대한 논의가 계속 이루어지는 중이다. 테슬라를 보며 기회라 생각하는 이들도 많지만, 예상 외로 불확실성이 매우 높게 작용할 가능성이 있다.

유통 산업은 일회용품 문제로 인해 비용이 상승하는 중이며, 화장품도 환경에서 매우 부정적인 영향을 받는 대표적인 산업이다. 환경 요인에 영향을 많이 받기에 비용이나 위험 관리 측면에서 큰 영향을 미칠 수 있다.

또한 엔터테인먼트 기업의 경우 지배 구조에 대한 문제가 부각될 수 있어 잠재적 위험이 있다. G와 S에 대한 문제가 생길 수가 있어 리스크가 커질 가능성이 높은 것으로 보인다.

기업의 근간은 여전히 산업

메이저 산업들을 한번 훑어봤다. 물론 투자자가 할 일은 메이저 산업들의 ESG가 미치는 영향을 외우는 것이 아니다. ESG 규제는 너무 빨리 바뀌고 있기에, 지금 상황 자체를 외우기보다는 앞으로 또 기조가 바뀌었을 때 어떤 영향을 미칠 수 있는지에 대한 분석이 더 중요하다.

ESG는 민간이 아니라 관이 주도하기에 규제가 더 중요하다. 규제가 어떻게 바뀌고 있는가를 잘 살피고 분석해야 한다. 기업들이 어떤 위험에 노출되어 있고, 어떤 기회에 당면해 있는지 봐야 하는 것이다.

현금 흐름	위험
매출량 매출 성장률 이익률 재투자	실적 변동성 자본 비용 재해 위험

'It' Proposition: If 'It' does not affect expected cash flows or the riskiness of the cash flows, 'It' cannot affect value.

해석하면 "만약 '그것'이 기대 현금 흐름이나 현금 흐름의 위험성에 영향을 미치지 않는다면, '그것'은 기업의 가치에 영향을 줄 수 없다."라는 문장이다.

미래에 대해서 많은 논의가 이루어지고, 장기적으로 30년 뒤의 미래를 보라는 등의 말을 많이 하지만, 결론적으로 기업을 분석하는 게 목표이고 기업의 퍼포먼스를 파악하는 게 목표라면, 제일 중요한 것은 회사의 이익, 그리고 이익의 변동성에 영향을 주느냐 주지 않느냐에 대한 분석이 가장 중요하다.

회사의 장밋빛 미래를 머릿속에서 그리는 게 큰 의미가 있는 건 아니다. 물론 시장은 장밋빛 미래에 의해서 이리저리 휩쓸린다. 단기적인 이익을 얻기 위한 투자를 한다면 문제가 없다. 시장의 단기적인 움직임들은 이런 펀더멘탈한 이슈가 아니라 시장의 단기 수급 이슈, 떠오르는 뉴스에 대한 이슈로 이루어지기 때문이다.

그러나 기업의 근간은 여전히 산업 그 자체에 있다.

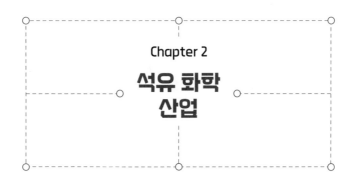

Chapter 2

석유 화학
산업

ESG에서 환경 쪽으로 가장 많이 엮이는 산업이 바로 석유 화학 산업이다. 석유 화학 산업은 환경뿐만 아니라 사회적으로도 엮인다. 다음 표는 2019년 기준으로, 글로벌 에너지 공급의 80.9%가 화석 연료라는 것을 알 수 있다.

다음 페이지의 도표에서 보는 바와 같이, 2010년에서 2019년 동안 연평균 1.4%의 성장을 보였다.

2010년에 들어서서 저탄소 전력원의 공급 비중이 증가하고는 있다. 비중은 적으나 태양열, 풍력이 있다. 그리고

전체 에너지 공급량(2019)

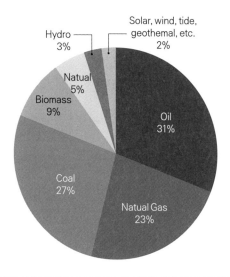

Hydro
3%

Solar, wind, tide,
geothemal, etc.
2%

Natual
5%

Biomass
9%

Oil
31%

Coal
27%

Natual Gas
23%

출처: Key World Statistics 2021, IEA

리뉴어블, 뉴클리어, 저탄소 석탄도 있기는 하나, 예상보다
빠르게 증가하는 추세는 아니다. 다음 페이지의 표에서 보
듯, 리뉴어블 에너지 생산은 2011년에서 2019년 사이에
5.9% CAGR 성장했다.

전체 에너지 공급량

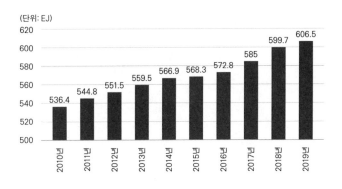

(단위: EJ)

2010년	536.4
2011년	544.8
2012년	551.5
2013년	559.5
2014년	566.9
2015년	568.3
2016년	572.8
2017년	585
2018년	599.7
2019년	606.5

Key World Statistics 2021, IEA

세계 전력 생산에서 저탄소 자원과 석탄이 차지하는 비중(1971~2021)

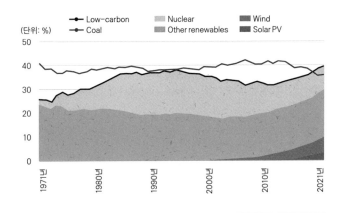

(단위: %)

- ● Low-carbon
- ● Coal
- Nuclear
- Other renewables
- Wind
- Solar PV

출처: For the interactive chart, go to https://www.iea.org/reports/global-energy-review-2021/renewables

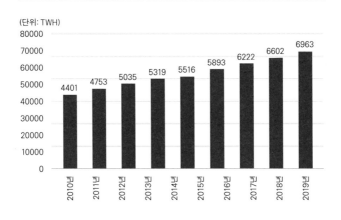

재생 에너지 생산

(단위: TWH)

Renewable Energy Statistics, IRENA, 2021

진실성 또는 현실성

전 세계에 있는 198개국 중 133개국이 늦에도 2060년까지 네트 제로 에미션(Net zero emission)을 검토하거나 입법했다. '2060년까지 탄소를 전혀 배출하지 않겠다'는 말이다. 에너지를 사용하는 데 있어서 탄소를 배출하지 않고, 모두 신재생 에너지로 바꾸겠다는 뜻이다.

네덜란드는 2021년 5월 26일에 에너지 회사인 셸(shell)에 '2030년까지 탄소 45% 감축 명령'을 내렸던 적이 있다. 그러자 셸의 주총은 런던으로 본사를 이전하기로 가결했다.

석유 화학 기업을 포함한 많은 기업들이 자발적으로 탄소를 배출하지 않겠다는 네트 제로 타깃(Net Zero Target)을 만들고 있기는 하다. 옥시덴털(Occidental)은 2040년까지 네트 제로 에미션 공약을 했고, 셸의 경우도 탄소배출이 0이 되는 카본 인텐서티 제로(Carbon intensity0)를 달성하기로 했다.

엑손모빌(ExxonMobil)도 30억 달러 규모의 탄소포집 및 저장(Carbon capture & Storage) 계획을 세웠다. 카본 캡처란 탄소 포집 기술로, 배출한 탄소를 포집해 직접 처리한다는 뜻이다. 그럼 탄소 제로가 가능해진다.

이처럼 석유 화학 기업들이 말하는 네트 제로(Net zero)는 얼마나 현실성이 있을까? 결국 석유를 태우는 회사인데, 탄소를 배출하지 않는다는 게 정말 말이 될까? 또한 카본 캡처 기술은 현재 그리 발전하지 않은 상황인데, 정말 진실성 또는 현실성이 있는 걸까?

또한 규제 가능성도 있다. 기후 변화 타깃의 신재생 에너지의 성장이 기대에 못 미칠 경우, 국가가 주도해 화석 연료를 규제하고 신재생 에너지를 보조할 가능성이 있다. ESG를 가르는 가장 중요한 요인은 다시 한번 말하지만

'규제'다. 우리 지구가 가야 할 방향성을 국가들이 잡아놓고 기업들에게 강제하고 있는 것이다.

ESG는 규제의 문제

ESG는 금융이며, 금융의 관점에서 바라봐야 한다. 그럼에도 'ESG를 투자자들이 강제한다'라고 전제해놓고 제일 먼저 나온 게 규제라는 것은 분명 괴리이고, 우리 투자자들은 이 점을 가장 먼저 인지해야 한다.

ESG를 투자자들이 자발적으로 움직여서 해결하는 문제고, 투자자들이 사회에 대한 정의를 실현하기 위한 거라고 말하는 ESG 전문가들이 있는데, 결국엔 규제로 간다는 것이 이상하지 않은가?

사실 ESG 그 자체를 원하는 투자자들은 ESG 점수에 따라 투자를 하면 된다. 분명 그런 투자자들도 존재하고 있고, 그런 이들은 금융 수익을 포기더라도 신념을 위해 투자하기를 원할지 모른다.

그러나 대부분의 투자자들은 금융 수익을 원한다. 그렇기에 자신이 투자하는 회사가 ESG를 하려 하면 비용이 더 늘기 때문에, 고민이 될 수밖에 없는 게 맞다. 그럼에도

ESG를 옹호하고 실현하고자 하고자 하는 이들이 '요즘 투자자들은 가치관이 변해 ESG를 잘하는 기업을 원한다'고 투자자들에게 믿게 만들려 한다.

그러나 이 문제는 개인의 자유다. 이 책은 어디까지나 '금융 수익을 얻고자 하는 투자자'를 대상으로 쓰였으며, 그런 이들이 'ESG를 어떻게 봐야 하는가'에 대해서 이야기하려 한다. 이런 투자자들은 ESG 금융을 가치관이 아닌, '규제의 문제'라는 것을 분명히 이해해야 한다.

발전량과 비용

다음 그래프를 통해 발전량 변화(Volume Implications)를 확인해보자.

오른쪽 그래프를 보면 태양광, 태양열, 해상풍력, 육상풍력과 같은 신재생 에너지들의 비용이 2010년 대비 2020년에는 급격하게 떨어진 것이 보인다. 동시에 발전량은 계속 늘어나고 있고, 배터리 기술도 계속 발전하고 있다. 탄소 비용은 현상 유지이나, 올라갈 가능성도 있다. 운송 수단의 탈화석 연료화와 발전 수단의 신재생 에너지화는 거스를 수 없는 대세다. 사회적 분위기와 규제 모두 탈

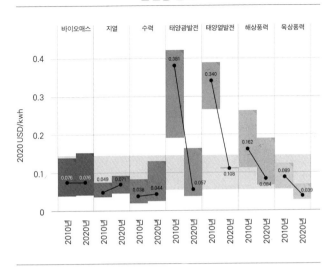

발전량 변화

| 바이오매스 | 지열 | 수력 | 태양광발전 | 태양열발전 | 해상풍력 | 육상풍력 |

0.076 0.076 0.049 0.071 0.038 0.044 0.381 0.057 0.340 0.108 0.162 0.084 0.089 0.039

2020 USD/kwh

출처: IRENA Renewable Cost Database

탄소를 원하고 있기 때문이다. 투자자들이 요구와 별개로 소비자들의 분명한 요구가 있다.

이번엔 비용적 함의(Margin implications)를 보자. 규제적인 이슈로, 탄소 배출 기업들은 네트 제로 에미션을 달성하기 위해 탄소 발생 상쇄 비용을 지출해야 한다. 또한 정부 규제를 준수하기 위한(compliance) 비용이 추가로 들 수 있다.

이 두 가지를 동시에 고려하면, ESG를 추구하는 방향이 결코 '싸지 않다'는 것을 알 수 있다. 그럼에도 이런 방향성이 인류에게 있어 꼭 필요하기 때문에, 환경을 보호하기 위해서라는 대의가 있는 것이다.

소비자도 규제 기관도 원하기 때문에 기업도 마찬가지로 동일한 방향성으로 움직이고 있다.

산업을 이해하려면 제품부터 보라

산업을 이해하려면 제품의 특성을 먼저 파악해야 한다. 아래 그래프는 자동차의 에너지 효율을 나타낸 것이다. 에너지 효율을 보면 내연 기관(ICE, Internal Combustion Engine)은 에너지 효율성이 20% 정도가 난다. 전기차(electric vehicle)는 73%가 나고, 수소차는 22%가 난다.

	연료의 발전 효율성	연료부터 타이어까지 효율	최종 효율
내연 기관	~88%	엔진효율에 의한 손실 ~22%	~20%
전기차	~95%	배터리에 의한 손실 ~75%	~73%
수소차	~52%	수소를 전기로 전환할 때의 손실 ~42%	~22%

출처: Energy Landscape: Understanding the energy fundamentals for successful transition, TotalEnergies, 2021

연료 효율로는 전기차가 압도적이라는 것을 알 수 있다. 왜 그럴까? 내연 기관은 중간에 연료 소모가 너무 많다. 연료를 태워서 엔진으로 가는 데 비용이 너무 많이 드는 것이다. 그러나 전기차는 실린더로 움직이지 않기 때문에 중간 과정에서 연료 소모가 발생하지 않는다.

핵심은 20%, 73%, 22% 같은 수치 자체가 아니다. 이런 수치들은 앞으로도 계속 변화할 것이기 때문이다. 기업이 판매하는 최종 결과물(End Products)의 특성을 모른 채로는 이 수치들을 해석할 수 없고, 해당 기업에 투자를 할지 말지도 결정할 수 없다. 자동차 산업의 경우 내연 기관이 어떻게 돌아가는지, 왜 이런 비효율이 나타나는지 이해할 수 있는 비판적, 그리고 분석적 역량을 가지는 것이 바탕에 있어야 한다.

유럽과 미국의 대응 방식

미국은 국토가 아주 넓고 인구 밀도가 낮다. 축복받은 땅이다. 이에 반해 유럽은 역사가 오래된 데다가 인구 밀도가 아주 높다. 산업화 과정을 거치면서 처음의 시행착오가 가져온 부작용을 온전히 자신의 국토로 체험했다.

런던, 파리 등과 같은 유럽의 대도시는 20세기 초 수질오염, 스모그 등과 같은 환경 문제에 심각한 피해를 경험했다. 미국은 유럽의 사례를 보고 이런 문제에 미리 대응하였다.

그러다 보니 탄소 감축에 대한 대응 방식들 또한 차이가 존재할 수밖에 없다. 물론 대외적으로 그리고 공식적으로는 환경 문제가 매우 중요하고 해결해야만 한다는 데에는 두 대륙의 기업들이 모두 동의하지만 문제를 대하는 진지함과 심각성, 그리고 이 문제를 해결하는 시야에서는 많은 차이가 난다.

BP(British Petroleum), 토탈(Total), 에니(Eni), 에퀴노어(Equinor) 등의 유럽 기업은 석유 화학 회사에서 탄소 감축과 환경 문제 해결에 적극적인 에너지 솔루션 업체로 거듭나겠다고 발표했다. 이를 통해 화석 연료가 차지하는 매출 비용을 줄이겠다는 것이다.

셰브런(Chevron)이나 엑손모빌 같은 미국 기업은 반대로 기름 사업을 잘하니 이 사업을 하되, 탄소 채집 기술에 투자하겠다고 공표했다. 그러나 태양광이나 풍력의 트렌드는 주도적인 역할을 하지 않겠다고 밝혔는데, 이는 화석 연료가 환경에 미치는 영향은 최소화하면서도 경제

XOP 가격 추이(E&P ETF)

(단위: USD)

출처: Refinitiv Eikon

성을 수확할 수 있게 카본 캡처 앤드 스토리지(Carbon Capture & Storage) 기술로 보강한다는 계획이다.

셰브런 CEO의 명언이 있다. "우리는 석유 사업을 한다. 나무는 주주들이 우리한테 투자해서 얻은 수익(Capital gain)으로 직접 심으면 된다." 일견 말이 되는 이야기다. 각자 잘하는 것을 하고, 환경을 중요시하는 주주들이 있다면 배당이나 캐피털 게인으로 직접 신재생 에너지에 투자하면 될 일이라는 말이다.

이제 위의 XOP 가격 추이 그래프를 보자. 에너지 관련

ETF(Exchange Traded Fund)가 두 개가 있는데, 하나는 XOP(원유, 가스 탐사 기업 펀드)이고 다른 하나는 XLE(미국 에너지 기업 펀드)이다.

위 내용을 풀어서 설명하자면, ETF는 거래소에서 거래되는 펀드를 뜻하는데, 여기서 거래되는 펀드들은 대부분 특정 인덱스, 지수를 쫓아간다. 그리고 그중 하나가 XOP 나 XLE인 것이다. XOP는 그래프에서 보듯이 가격 추이가 매우 좋다. 원유나 가스 탐사 기업들이 퍼포먼스가 좋다는 이야기다.

이러한 경쟁 우위를 바탕으로 매출을 내서 주가가 오르면, 그 배당이나 주가가 오른 것을 갖고 주주들이 알아서 신재생 에너지에 투자하라는 것이 이들의 핵심 주장이다. 한마디로 '잘하는 것을 잘하자'라는 말이다.

고민의 시간

이제 업계의 입장과 규제의 입장을 모두 설명했다. 이제까지 설명한 배경 지식을 바탕에 깔고, 투자자들이 고민해볼 시간이다.

오일 사업을 잘하는 기업이 돈을 잘 벌고 있고, 여기에 우리가 투자한 자금을 갖고 신재생 에너지 분야에 뛰어드는 게 과연 현명한 선택일까?

결국 투자자가 알고 싶은 것은 이 기업이 ESG를 잘하느냐 못하느냐, 또는 이 기업이 미래를 보느냐 보지 않느냐가 아니다. '오일 사업을 잘하는 기업이 신재생 에너지를 하는 것이 맞는가? 내게 돈이 되는가?'이다.

물론 전통적 화석 에너지 산과 신재생 둘 다 잘하는 것이 가장 좋지만, 현실적으로는 어려운 일이다. 화석 에너지 사업을 하는 기업들은 기존의 경쟁 우위와 이미 쌓아놓은 사회적 그리고 물리적 자산도 있고, 채굴권도 있고, 유형 자산도 있고, 업-미드-다운 스트림 연계와 같은 효율적이고 효과적인 산업 구성 등등 다양한 베이스를 보유하고 있다.

이런 상황에서, 전혀 새로운 영역인 신재생 에너지에 뛰어든다는 것은 주주들의 경제적 이익에 부합하는 일이라고 보기는 어렵다. 이런 논지는 결국 하지 말아야 한다는 주장이다.

또 다른 한 가지 고민 지점은 '투자자들이 ESG에 투자하고 싶다면 석유 화학 기업을 신재생 에너지 기업으로 억지로 바꿀 것이 아니라, 석유 화학 기업에서 돈을 벌어서 ESG 기업에 투자를 하면 되는 게 아닌가?'이다. 이렇게 되면 투자자의 포트폴리오로 ESG를 할 수 있다. 기업은 하던 일을 계속 하고, 투자자가 ESG에 투자를 해주면 된다. 이쪽도 하지 말아야 한다는 주장이다.

이런 논리로 따지면 '석유 화학 기업이 신재생 에너지 산업에 뛰어드는 것은 주주들의 이익을 훼손하는 것일까?'라는 의문을 가질 수 있다. 그러나 석유 화학 산업 내에서 ESG 리스크가 매우 크다는 점 또한 기억해야 한다.

석유 화학 퓨어 플레이어, 즉 석유 화학 사업만 하는 기업을 선택지로 남겨두는 데서 오는 이점은 분명히 있다. 그러나 미국의 석유 기업들의 미래에 위협이 없는 건 아니다. 이산화탄소 포집 및 저장 기술(CCS)은 아직까지 실적(track record)이 매우 나쁘다.

CCS 기술은 기계를 이용해 배출되는 이산화탄소를 잡아서 제거하는 기술인데, 이처럼 이산화탄소를 제거하기 위해 작동하는 기계에서 또 이산화탄소가 발생하기 마련이다. 그러다 보니 전체 라이프 사이클(Life Cycle)장에서 포집하는 양보다 배출하는 양이 더 많다는 지적까지 있다. 그만큼 효율이 좋지 않은 기술인 것이다.

미국 기업이 규제에서 벗어날 수 있는 가장 쉬운 방법

임에도 기술의 퍼포먼스가 매우 나쁘기에, 정말 규제에서 빠져나올 수 있는가의 문제가 잔존한다. 그러다 보니 기술적 혁신 없이는 유의미한 경제성을 지닐 정도로 상용화되기 어려운 상황이다.

또한 주주의 이해관계를 얼마나 잘 대변하느냐와는 관계없이, 국민 정서는 규제를 불러올 수 있다. 이 같은 기업과 사회와의 관계 또한 투자자가 세심하게 살펴봐야 할 부분이다.

현재 기후 변화 목표는 섭씨 1.5도를 낮추는 데 있다. 달성할 가능성이 희박한 상황에서 추후 극단적인 법규가 도입된다면, 유럽과 미국 중 어느 쪽이 더 현명한 선택을 내렸는지는 아무 의미가 없을 수도 있다. 이들 기업이 아예 망할 수도 있기 때문이다.

이런 위험들을 고민해봐야 한다. 이 기업들이 효율성 측면에서 '잘하지 못하는 친환경 사업을 하는 게 맞나?'라고 앞에서 질문했다면, 극단적 규제에 이르러서는 생존의 문제가 되어 '안 하면 망할 수도 있는' 상황이 될지도 모르기 때문이다.

리스크 3가지

첫째, 이익 변동성(Earnings Volatility)이 있다 에너지, 특히 석유 화학 산업에 속한 기업들은 원유 가격과 실적의 상관관계(Correlation)가 매우 높다. 원유 가격이 올라가면 실적이 좋아지고, 원유 가격이 내려가면 실적이 나빠진다.

둘째, 재난 리스크(Disaster risk)가 있다. 석유 화학은 큰 사고가 터질 가능성이 매우 높고, 이는 참사(catastrophe)

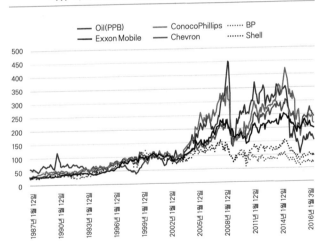

석유 화학 산업 수익률 인덱스[2000년 1월 1일 기준]

출처: https://seekingalpha.com/article/4088971-who-stands-to-gain-from-oils-rise-in-price

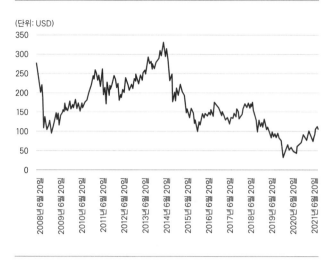

XOP(E&P ETF) 가격 추이

(단위: USD)

350
300
250
200
150
100
50
0

2008년 6월 20일
2009년 6월 20일
2010년 6월 20일
2011년 6월 20일
2012년 6월 20일
2013년 6월 20일
2014년 6월 20일
2015년 6월 20일
2016년 6월 20일
2017년 6월 20일
2018년 6월 20일
2019년 6월 20일
2020년 6월 20일
2021년 6월 20일

출처: Refinitiv Eikon

가 될 수 있다. 특히 원유 유출과 같은 환경 재해는 대중의 분노로 이어져 금전적 보상과 징벌적 규제가 이루어질 가능성이 높다. 실제로 2010년, BP의 원유 운송선 딥워터 호라이즌(Deepwater Horizon)이 텍사스 멕시코만에서 좌초되어 기름이 유출됐을 때 시총의 55%가 삭제됐다. BP는 천문학적인 비용을 지불해야 했으며, 그에 그치지 않고 2013년 해리스 여론조사(Harris Poll)에 따르면 몬산토와 골드만삭스를 제치고 미국인이 가장 싫어하는 기업 1위에

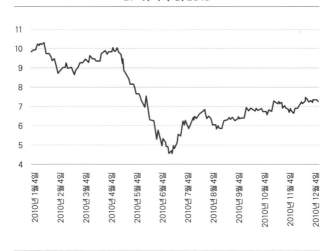

BP 가격 추이 2010

11
10
9
8
7
6
5
4

2010년 1월 4일
2010년 2월 4일
2010년 3월 4일
2010년 4월 4일
2010년 5월 4일
2010년 6월 4일
2010년 7월 4일
2010년 8월 4일
2010년 9월 4일
2010년 10월 4일
2010년 11월 4일
2010년 12월 4일

출처: Refinitiv Eikon

올랐다.

셋째, 자본 조달 비용(Cost of Capital)이 있다. 기관 투자자들이 투자를 자제하면서 자기 자본 비용이 오를 수 있다. 기관 투자자들은 ESG 펀드를 받아야 하기 때문이다. 마케팅적 차원에서 ESG를 원하는 투자자만 모아 만든 ESG 펀드가 있을 수 있다.

기업의 입장에서는 이러한 ESG 펀드 내에서 투자 자본을 받을 수 있으면 주식의 형태든 채권의 형태든, 자기

미국 지속 가능 자본의 자산군별 흐름

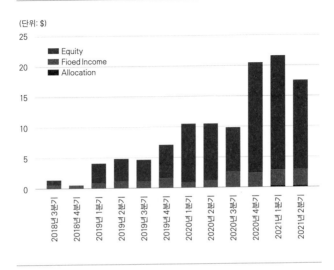

(단위: $)

- ■ Equity
- ■ Fioed Income
- ■ Allocation

출처: Morningstar Direct. Data as of June 30, 2021.

의 자본 조달 비용이 낮아진다. 기업이 자본 조달 비용을 낮출 좋은 기회가 되는 것이다.

현재 국부 펀드들은 석유 화학에 대한 투자 비중을 줄이거나, 노르웨이의 경우 액티비스트 포지션(activist position)을 공언하는 중이다. 액티비스트란 사회적·정치적 목적을 이루기 위해서 적극적으로 활동하는 것을 뜻한다. 노르웨이는 국가 전체적으로 이러한 포지션을 표방한 셈이다.

신재생 에너지 기반의 경쟁 기업들은 ESG 펀드에 편입되거나 ESG 본드 발행으로 자본을 저렴하게 조달할 수 있는 데 반해, 기성 석유 화학 기업들은 자본 시장에서 경쟁 열위에 처할 수밖에 없다. 불리한 연구개발(R&D), 자본 지출(CapEx) 환경에 놓이게 되는 것이다.

거버넌스의 위험

마지막 리스크는 거버넌스의 문제다. 이번에는 '엔진 No.1'이라는 펀드의 사례를 통해 이해해보자.

엔진 No.1은 ESG 펀드로 당시 약 4억만 달러를 운용하며 엑손모빌 지분의 0.02%를 보유하고 있었는데, 이들이 프록시 경쟁(Proxy fight)을 벌인 것이다. 엔진 No.1은 고작 0.02%의 지분만 갖고 21%의 지분을 보유한 블랙록과 그 외 ESG를 표방한 펀드들의 지지를 받으면서 엑손모빌 이사회에 3명을 앉혔다.

이사회에 세 자리를 빼앗긴 엑손모빌은 탄소 중립과 신재생 에너지 관련 투자를 강화할 수밖에 없었다. 엑손모빌은 오일 사업을 매우 잘해나가던 기업이었는데, 그 이후 영업 이익률이 크게 떨어졌다. 못하던 사업에 강제로 진출했기 때문이다.

엑손모빌은 겨우 0.02%의 지분을 보유한 펀드의 의지로 신재생 사업에 많은 투자를 하게 되면서 결국 주주 가치를 훼손하게 됐다. 이에 대해 ESG를 하겠다는 목표만 있을 뿐, 과정이 없다는 비판을 받게 된다. 경쟁 우위에서 어긋나는 길을 너무 쉽게 채택한 것이다.

이런 사례를 통해서 봤을 때도 규제, 즉 정부의 체계적인 개입이 필요하다는 것을 알 수 있다. 투자자들의 자발적인 의지로 기업에 ESG 활동을 강제했으면서, 정부의 개입이 필요하다는 결론이 난 것은 아이러니한 일이다. 기업 자율에 맡기는 것은 사회적 플라세보 효과로 오히려 기후 변화를 대응하는 능력을 저해할 수 있다는 주장도 있다(출처: https://www.marketwatch.com/story/engine-no-1-is-all-talk-no-strategy-with-exxon-mobil-11629127035).

투자에 정답은 없다

'ESG를 잘하는 기업이 수익이 좋다'거나 'ESG는 자본 조달 비용을 낮춘다'는 주장에 대해

XOP ETF 가격 추이

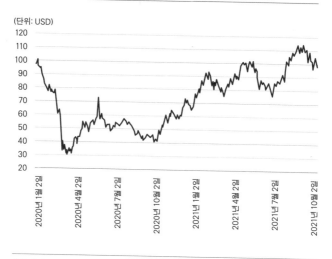

(단위: USD)

출처: Refinitiv Eikon

앞에서 자세히 설명했지만, 정말 그럴까? 기업과 투자자가 동시에 좋을 수는 없다. 논리 상충의 문제가 있기 때문이다.

자신이 기업의 주식을 사려고 하는 투자자라고 생각해보자. ESG 역량이 뛰어난 덕에 기업의 자본 비용이 낮아지면 주가가 올라, 주가가 프리미엄에 거래된다. 그러다 보면 주식을 사려는 사람의 잠재적 수익률은 낮아질 수밖에 없다. 그러면 투자 유인이 적어지고, 투자율이 줄어든다.

반대로 ESG를 못해서 기업의 자본 비용이 높다고 치면, 주식이 할인되어 거래되면서 주가는 떨어진다. 잠재적 주주들은 높은 수익을 올릴 수 있게 된다는 뜻이다.

기업과 투자자가 동시에 좋을 수는 없다. 두 마리 토끼를 동시에 잡겠다고 나서는 것이나 마찬가지다. 이것은 만고불변의 진리다.

그럼에도 ESG 관련 주장 중에는 기업이 사업을 잘하면서 동시에 투자자도 좋을 수 있다고 주장한다. 물론 그런 경우가 없는 것은 아니지만 매우 드물다.

물론 투자에 정답은 없다는 것을 우리 투자자들은 항상 기억해야 한다. 2020년과 2021년까지 석유 화학 기업이 매우 호황이었다. 2020년 4월부터 2022년 1월까지 206% 수익률이 나왔는데, 이때는 석유 화학 산업이 이전의 악화되었던 실적에서 벗어나 턴어라운드(turnaround), 즉 나빠졌던 수익이 회복되던 시기로, 수익이 나던 기간이었기 때문이다.

그러나 ESG를 주요 경영 목표로 갖고 있던 투자자들은 턴어라운드가 일어나는 기간 동안 받을 수 있는 수익적 혜택을 체계 구조적으로 놓칠 수밖에 없었다.

이런 이슈들에 대해서도 투자자들은 충분히 고민을 해
야 한다.

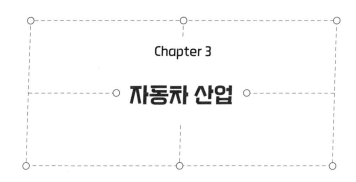

Chapter 3

자동차 산업

극심한 경쟁과 낮은 수익성

자동차 산업에서 우리 투자자들이 기억해야 할 것은 딱 2가지다. 산업 내 경쟁이 심하다. 그리고 수익성이 낮다.

다음은 상위 5개 업체의 판매 순위이다. 판매 대수 기준 최대 15%의 시장 점유율에 그친다는 걸 알 수 있다.

자동차 산업은 저성장과 포화의 양상을 보인다. 경쟁 강도는 매우 높아, 상위 12개사의 5개년 매출 총이익률(GPM, Gross Profit Margin)이 16.9% 수준이다. 반대로

Rank	자동차 OEM	2020년도 판매량
1	도요타	9,528,438
2	폭스바겐	9,305,372
3	GM	6,830,000
4	현대	6,350,851
5	스텔란티스	6,200,000

글로벌 자동차 OEM 시장 규모

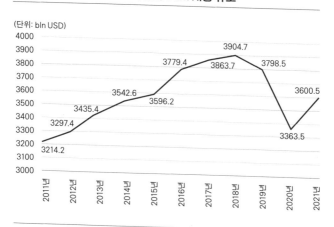

출처: https://www.ibisworld.com/global/market-size/global-car-automobile-sales/

이익률은 매우 낮아 상위 12개사 5개년 영업 이익(OPM, Operating Profit Margin)이 4.9%에 불과하다. 이 회사들에 100원을 투자하면 영업이익으로 5원을 얻을 수 있다. 쉽게 말해 박리라는 의미이다.

거기에 더해 자본 집약적 산업이다. 자동차를 만드는데는 부품 공장, 조립 공장 등 수많은 공장이 필요하고 완성차를 보관하기 위한 주차 공간도 아주 많이 필요하다. 사람도 많이 고용해야 하고 이들을 교육하고 관리하는 시설도 필요하고, 나열하자면 사실상 끝이 없다. 실제 평균 EBIT의 247%가 유형 자산으로 재투자된다. 다만 테슬라는 아웃라이어(outlier)로 예외다. 박리에 자본 집약적이니 자동차 산업 내 기업이 살 수 있는 길은 다매밖에 없다. 즉, 많이 팔아야 한다.

그래서 업계 내 경쟁이 심하다. 경쟁이 심해서 또 이익률(마진)을 낮출 수밖에 없다. 그럼 또 이익률이 낮아지니 더 많이 팔아야 한다. 무한 반복이다. 경쟁 수준이 강하고 판매가 박리로 이루어지며 높은 재투자로 인해, 상위 12개사의 평균 ROC는 7.4%이며 R&D 자본화 시 더 낮아질 것으로 예상된다.

밸류 체인(가치 사슬)이 긴 산업

자동차 산업은 또한 복잡하기까지 하다. 자동차 하나를 만드는 데 들어가는 부품이 많고, 완제품이 만들어지

더라도 유통시키는 데 필요한 과정이 매우 길다.

자동차 산업은 밸류 체인이 이처럼 길지만, 전기차로 전환하게 되면 이를 줄일 수 있다. 전기는 구조가 단순해 많이 필요가 없다. 엔진, 배터리, 바퀴, 스티어링 휠이 끝이기 때문에 중간에 부품을 만들어내는 회사들을 훨씬 덜 거친다. 내연 기관 기반 자동차의 경우 그 안에 1만 개 이상의 부품이 들어간다.

다만 문제는 이러한 밸류 체인이 포드가 설립되고 지난 90~100년 동안 업계에 단단히 자리 잡혀 있어, 이 밸류 체인을 통해 자본이 집적되는 과정이 자연스럽게 만들어져 있다는 점이다.

전기차로 만들면 부품이 덜 들어가고 공정도 더 간단해지지만 인프라를 처음부터 새로 만들어야 한다는 문제가 있다. 많은 초기 투자금을 필요로 하는 것이다. 현재 내연 기관 자동차를 만드는 공장을 바꿀 수는 없다.

테슬라의 경우는 완전히 새로 짓고 있는데, 인프라를 완전히 다시 깔아야 하다 보니 자동차 공급 속도에 지장을 받을 수밖에 없다.

그럼 이런저런 현재의 문제가 미래에는 모두 해결되고 밝은 전망만 있을까? 그건 아무도 알 수 없다. 그러다 보니 투자를 할 수 있는지, 없는지 확신하기 어렵다. 전기차로 전환하려면 공정 프로세스를 계속 바꿔야 하고, 그로 인해 수익성이 약화되고 공급자 역시 마진이 감소한다. 내연 기관만 생산하던 기업이 생산 라인을 둘로 나눠서 전기차도 생산해야 하기 때문이다.

또한 기존의 내연 기관을 지원하던 하청업체가 전기차 부품을 제공하지 않고, 배터리 업체와 새로 일을 해야 한다. 또한 전기차의 파워트레인이 일원화되지 않아 규모의 경제가 적용되는 데 어려움이 있고, 코로나19로 인한 공급 차질 또한 문제다.

규모의 경제

자동차 산업에서 가장 중요한 건 규모의 경제다. 많이 만들어 많이 팔아야 싸게 생산할 수 있다. 그래서 조인트 벤처(JV, 합작투자), 얼라이언스(동맹), 인수 합병에 적극적이다. GM이나 폭스바겐 같은 회사의 산하에는 수많은 브

랜드가 있다. 그리고 인수, 합병, 얼라이언스를 통해 계속해서 브랜드가 늘어나고 있다. 일례로 PSA 그룹과 피아트 크라이슬러 자동차(FCA)가 합병하여 스텔란티스를 탄생시켰다. 자동차 산업의 중요한 특징 중 하나가 다각화를 계속해서 숫자를 늘리는 것이다.

OEM(Original Equipment Manufacturing)은 계약을 받아 대신 만들어주는 것을 뜻한다. 자동차의 내연 기관(ICE, Internal Combustion Engine) OEM을 하는 회사들이 전기차 진출을 위해 스타트업과 지속적으로 협업하고 있다. 가장 유명한 예로는 포드와 리비안, GM과 니콜라가 있다.

자동차는 권장 소비가 자격(MSRP, Manufacturer's Suggested Retail Price)이 높기 때문에 소비자의 구매를 촉진하기 위해 자체 캐피탈사를 운영하는 경우도 많다. 현대와 기아도 그런 경우다. 차를 할부로 구매할 때 자체 캐피탈에서 돈을 빌려주는 것이다. 이런 회사들은 평균 19.6%의 매출이 금융을 통해 발생한다.

옆 페이지는 자동차 기업 대부분의 매출이 감소하고 있음을 보여주는 표다.

Sales	2019	2020	2021	2019-2021 Growth/y	5-yr GPM	5-yr OPM	2019 Unit Sales	2020 Unit Sales	RoC	D/E	CapEx/EBIT	R&D/Sales	FinRev	EV% 2019	EV% 2020
현대	105,746	103,998	117,386	5.36%	17.66%	3.93%	7,193,337	6,350,851	3.17%	133%	123.1%	2.8%	18.2%	1.7%	3.1%
BMW	135,811	133,088	111,076	-9.56%	18.66%	8.96%	2,537,500	2,325,180	4.58%	173%	106.7%	4.0%	32.6%	1.7%	1.2%
VW	329,241	299,658	247,985	-13.21%	19.93%	5.59%	10,974,636	9,305,372	3.09%	168%	185.4%	3.5%	20.8%	1.3%	4.6%
포드	181,561	149,919	126,905	-16.40%	9.25%	2.21%	5,386,000	4,187,000	3.30%	527%	913.8%	5.1%	7.9%		
닛산	116,153	107,379	126,905	4.53%	16.74%	3.09%	4,930,000	4,052,000	5.86%	193%	411.4%	4.6%	32.6%		
도요타	303,329	324,638	297,645	-0.94%	18.42%	8.10%	10,740,000	9,528,438	7.92%	173%	101.7%	3.6%	8.2%		
혼다	159,450	162,294	144,046	-4.95%	21.47%	4.78%	5,323,000	4,790,000	3.06%	85%	121.2%	5.1%	32.6%		
다임러	225,129	207,462	218,199	-1.55%	20.62%	6.49%	3,350,000	2,840,000	6.13%	240%	199.6%	3.8%	19.4%	1.5%	5.7%
GM	159,826	144,426	151,144	-2.75%	12.55%	5.83%	7,720,000	6,830,000	7.02%	244%	216.9%	4.0%	11.9%		3.0%
슈텔란티스	140,994	116,532	151,144	3.54%	13.76%	5.55%	7,907,000	6,200,000	19.01%	82%	93.2%	1.3%	11.9%	0.2%	2.4%
테슬라	28,624	37,185	60,701	45.62%	16.71%	-0.69%	367,656	449,535	17.97%	53%		6.3%	-	100%	100%

전기차와 탄소 감축

탄소 감축에 있어서는 분명히 내연 기관보다 전기차가 훨씬 유리하다. 그러나 배터리 제조 공정에서 발생하는 탄소가 오히려 환경적으로 더 안 좋은 영향을 미친다는 논란이 있다. 정말 그럴까?

실제로 제조 공정 전체에서 내연 기관 대비 전기차가 68% 정도 탄소를 더 많이 배출하는 건 맞다. 배터리를 만드는 과정에서 희토류를 사용하는 등의 이유로 탄소가

내연 기관과 전기 자동차 제조 및 운영으로 인한 글로벌 배출량 변화

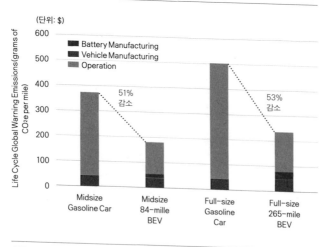

출처: Cleaner Cars from Cradle to Grave, The Union of Concerned Scientists

많이 나오기 때문이다.

그러나 라이프 사이클 전체를 보면 출시된 내연 기관 자동차를 16개월만 사용해도 전기차의 이 68%보다 더 많은 탄소를 배출한다. 또한 전기차는 소모품도 적다. 또한 신재생 에너지 비중이 그래프에서 보이는 차이는 더 벌어질 것으로 보인다.

이처럼 환경적 이슈에서는 전기차가 승자다. 그러나 S와 G의 이슈는 전기차도 피해갈 수 없다. 전기차에 필요한 희토류 대부분이 개발도상국에 있기 때문이다. 현재 콩고의 코발트 광산과 세르비아의 리튬 광산 등에서는 노동 착취 문제가 보고되고 있으며, 현지의 환경 오염과 기형아 출생 같은 문제도 발생하고 있다.

그러나 내연 기관은 기름을 쓰기 때문에 상대적으로 S나 G의 측면에서는 더 유리할 수 있다. 전기차가 환경적으로 유리하다고 반드시 미래의 탈것이 된다고는 볼 수 없다.

전기차와 전력망

왼쪽 그래프는 전력망 구성에 따른 전기차 탄소 배출량의 차이를 보여준다. 이 그래프에서 알아야 할 것은 딱 하나다. 이익을 내는 것과 마찬가지로, 탄소 배출량도 규모의 경제가 핵심이라는 점이다.

그리고 지금 전기차는 팽창 중이다. 전기차 시장의 규모가 늘면 늘수록, 전기차가 배출하는 평균 탄소량은 줄어들 것이다. 기술이 발전하고 규모의 경제를 이룰 수 있으면 여러 공정을 한꺼번에 처리해 전체적인 탄소 배출을 줄일 수 있기 때문이다.

그렇다면 만약 한국의 모든 자동차를 전기차로 전환하면 어떻게 될까? 전략 컨설턴트들은 이런 계산을 많이 하는데, 개인 투자자들도 이런 종류의 계산에 익숙해질 필요가 있다. 어떤 방식으로 계산하는지 살펴보자. 전혀 어렵지 않다. 이런 자료는 인터넷에서 찾으면 쉽게 구할 수 있으니, 분석 시 잘 찾아보고 활용하도록 하자.

1. 2020년 전체 차량 주행 거리: 332,004,000,000km

2. 2020년 기준 평균 연비: 4.44km/kWh(kWh당 4.44km를 갈 수 있다는 뜻)

3. 필요 전력량: 74,775,675,676kwh(송전, 충전상의 전력 소모가 없다고 가정할 때)

4. 2020년 발전량: 552,162,000,000kwh

전체 에너지 공급(2019)

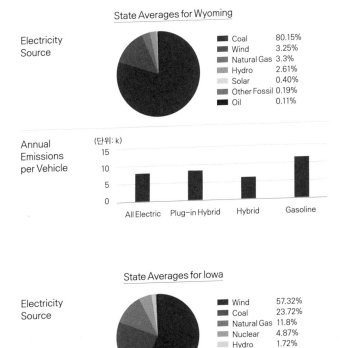

State Averages for Wyoming

Electricity Source

■ Coal	80.15%
■ Wind	3.25%
■ Natural Gas	3.3%
■ Hydro	2.61%
■ Solar	0.40%
■ Other Fossil	0.19%
■ Oil	0.11%

Annual Emissions per Vehicle

(단위: k)

All Electric, Plug-in Hybrid, Hybrid, Gasoline

State Averages for Iowa

Electricity Source

■ Wind	57.32%
■ Coal	23.72%
■ Natural Gas	11.8%
■ Nuclear	4.87%
■ Hydro	1.72%
■ Biomass	0.35%
■ Oil	0.19%
■ Solar	0.04%

Annual Emissions per Vehicle

(단위: k)

All Electric, Plug-in Hybrid, Hybrid, Gasoline

출처: https://afdc.energy.gov/vehicles/electric_emissions.html

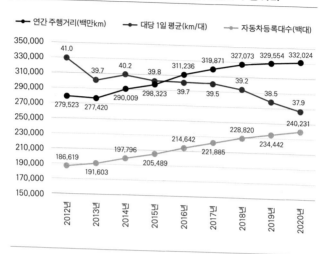

최근 9년간(2012~2020년) 연도별 자동차 주행거리

연간 주행거리(백만km) — 대당 1일 평균(km/대) — 자동차등록대수(백대)

차종	2020 판매대수	비중	연비 (km/kwh)	Weight 연비
테슬라 모델3	11,003	23.9%	5.8	1.38
포터2	9,037	19.6	3.1	0.61
코나	8,066	17.5	5.6	0.98
넥쏘	5,786	12.5	2.8(추정환산)	0.35
봉고3	5,357	11.6	3.1	0.36
니로	3,199	6.9	4.3	0.30
셰비 볼트	1,579	3.4	5.4	0.18
아이오닉	1,509	3.3	6.3	0.21
쏘울	380	0.8	5.4	0.04
르노조에	192	0.4	4.8	0.02
총계	46,108	100.0%	평균	4.44

결론적으로 말해, 생산되는 발전량이 필요 전력량보다 훨씬 높으므로 한국은 전기차로 전부 전환해도 문제가 없다는 것이 검증된다. 물론 실제로는 송전, 충전상의 전력소모가 발생하기 때문에 이보다 2~3배는 더 들어갈 것으로 예상된다. 그럼에도 전기차가 전력을 너무 많이 필요로 하기 때문에, 한국의 나머지가 전력을 쓸 수 없다는 등의 주장은 사실이 아님을 검증한 것이다. 수용력(capacity) 자체의 여유가 훨씬 크기 때문이다.

다만 여기서 문제는 RE100을 시행한다는 점이다. 필요 전력량에 해당되는 약 748억 kWh를 모두 신재생 에너지로 다 대체하겠다는 뜻이다.

그러나 2020년의 경우 신재생 에너지의 발전량은 36,527,000,000kwh였고, 약 2배 정도로 신재생 에너지 발전량을 확대해야 한다는 뜻이 된다. 다만 이는 보수적으로 잡은 계산이고, 실제로는 약 4~5배는 확대해야 할 것이다. 그러나 한국은 양수 발전의 경우 지형상 확대가 어렵고, 원자력은 전체적으로 확대가 없을 것으로 봐야 한다.

즉, RE100은 현재 불가능하고, 필요한 전력량만 보면 전기차로 전환은 가능하다는 것을 알 수 있다. 이 같은 계산을 전략 컨설턴트들은 'back of the envelop calculation'이라고 한다. 우편엽서 뒤에 *끄적여* 계산하는 식이라는 뜻이다. 이렇게 계산해보면 누군가가 주장을 할 때 간단하게 검증할 수 있다.

자동차 OEM의 딜레마

내연 기관 차에서 전기차로 전환하는 건 반박할 수 없는 흐름임에도 불구하고, 기성 OEM들은 적극적으로 나서지 못하고 있다. 지금 당장 내연 기관의 장점이 훨씬 많기 때문이다.

생산자 입장에서 보면 내연 기관 쪽이 마진이 높고 돈을 조금만 들여도 효율성이 높다. 그러나 전기차는 배터리가 비싸고 에너지 집약도가 떨어져 장거리 이동이 불가능한 데다 플랫폼과 어셈블리 라인(조립 라인)을 전부 새로 만들기까지 해야 한다. 그러나 유로 7에서 내연 기관을 없애겠다고 이미 공언한 지금, 내연 기관은 사실상 사망 선고를 받은 것이나 다름없다. 규제가 바뀌지 않는 한 전기차로 전환되는 건 막을 수 없는 미래다.

롱텀 피보팅(Long-term Pivoting)과 숏텀 프로핏

	전기차	내연 기관
장점	정책적 이점 (환경 규제 없음, 보조금 등)	• 높은 마진 • 기존 경쟁 우위 • 높은 투자 효율성
단점	• 배터리로 인한 높은 생산 단가 • 낮은 energy density로 인한 용도 제한 • 플랫폼 개발 필요 • 조립 라인 설치 필요	• 유로 7 = 사실상 사망 선고

(Short-term Profit)의 대결이라 할 수 있겠다. 전기차로 전환할 시, 초장기적 관점에서는 합당한 미래 전략이겠으나 중·단기적으로는 제로 마진으로, 압도적인 R&D2과 PPE 투자가 필요하다.

경제적으로는 분명 내연 기관이 유리하지만, 규제적으로 보면 전기차로 가야 한다는 것은 다음과 같은 질문을 불러온다.

'전기차로 전환한 다음에 보조금이 끊겨도 버틸 수 있을까?'

보통 전기차의 가장 큰 단점으로 배터리의 가격을 든다. 그렇다면 투자자로서는 배터리가 정말 비싼지, 아니면 더 싸게 만들 수는 없을지 짚고 넘어가야 한다. 단순히 '배터리가 비싸서 할 수 없다'라는 말만 듣고 수긍해서는 안 된다.

매킨지(Mckinsey)에 따르면 2019년 기준 전기차 1대당 1만 2,000달러 정도의 배터리가 들어간다고 한다. 다만 기술 발전으로 배터리 단가가 하락하고, 생산량이 올라가며 규모의 경제가 가능해지고, 내연 기관 차에 들어가는 부품의 기능 제거를 통해서 원가를 절감하면 전기차 비용 구조의 문제를 해결할 수 있다고 한다.

2019년 매킨지의 분석을 살펴보면 내연 기관 자동차와 전기 자동차 생산에 필요한 비용 차이가 어디서 발생하는지 충분히 자세하게, 그리고 적나라하게 알 수 있다. 우리는 보통 수많은 내연 기관 관련 부품들이 전기차에

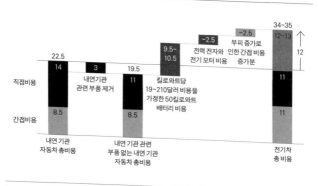

내연 기관에서 전기차 변환 비용 [2019년 기준]

https://www.mckinsey.com/

는 필요하지 않기 때문에 생산 비용이 아주 많이 절감될 것이라고 이야기한다. 그러나 부품 가격과 생산 비용을 하나하나 뜯어보기 시작하면 내연 기관 관련 부품을 포함하지 않아서 절약되는 비용보다 배터리와 전기 모터 그리고 부피 증가로 인한 부대 비용과 같은, 전기차에 들어가는 추가 비용이 내연 기관 관련 부품들보다 훨씬 높은 것을 확인할 수 있다.

다음 그래프는 리튬 이온 배터리의 가격 추이를 나타낸 것이다. 가격이 계속 감소하는 것과 가격 감소 속도가

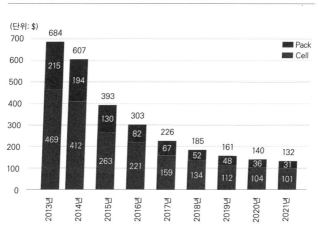

리튬 이온 배터리 가격 추이

(단위: $)

출처: BloombergNEF

줄어드는 것을 한눈에 볼 수 있다. 가격 감소가 어느 순간에는 한계에 이를 거라는 것이 파악된다.

배터리 단가의 미래는?

직접 계산을 해보자. 전기차 평균 주행거리는 410km이고, 평균 연비는 4.44kWh/km이다. 즉 92.5kWh의 배터리가 필요하고 1kWh당 132달러 정도 들어간다는 걸 알 수 있다. 총 12,217달러다. 매킨지의 주장과 거의 유사하다는 걸 알 수 있다.

전기차 예찬론자들은 당장의 수익성 문제는 배터리 단가가 하락하면 모두 해결될 거라고 주장한다. 물론 아니라고 단언할 수는 없다. 기술은 모든 걸 바꿀 수 있기 때문이다.

하지만 전망 자체는 그리 유리하지 않다. 현재 리튬과 코발트 등의 배터리 주요 원자재 가격은 계속 상승 중이다. 그리고 앞으로 전기차로의 전환도 꾸준히 이루어질 것이다. 즉, 배터리 수요가 늘면 늘었지, 줄지는 않을 거라는 뜻이다.

배터리 단가가 떨어지려면 원가가 낮아지거나 수요

코발트 가격 추이

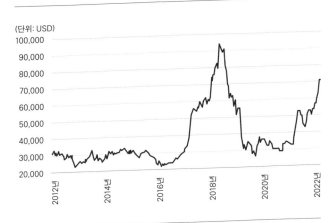

(단위: USD)

출처: https://www.ibisworld.com/global/market-size/global-car-automobile-sales/

리튬 가격 추이

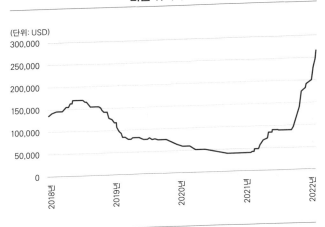

(단위: USD)

출처: https://www.ibisworld.com/global/market-size/global-car-automobile-sales/

가 줄거나 해야 할 텐데, 오히려 배터리의 수요는 매우 빠른 속도로 증가할 것으로 예상된다. 〈글로벌 뉴패신저 카 세일즈(new passenger car sales)〉에는 전기차가 2019년 2.6%, 2020년 4.3%에 그치는 걸로 나와 있다. 100% 전기차로 전환 시 막대한 수요가 몰릴 것이 확실하다. 그렇다면 오히려 배터리 가격은 오를 가능성이 더 높은 것이다.

또한 지정학적 문제도 있다. 희토류가 생산되는 아프리카나 중국 등지에서 수출을 끊어버리면 가격이 높아질 수 있고, 자원을 전략적으로 무기화할 수도 있다. 이들이 자원을 통해 정치 외교를 한다면 기업 입장에서는 비용이 늘어나는 셈이다.

이런 여러 위험을 배제할 수 없기 때문에 기술이 발전한다는 것 하나만으로는 배터리 단가가 하락할 것이라고 확신할 수 없는 것이다.

'하얀 석유' 리튬의 이권 쟁탈전

잠깐 리튬 이권 쟁탈전에 대해 이야기를 해보자. 배터리 단가 전망과 관계가 깊은 문제다. 채굴 기업과 정부는 엄청난 이윤을 얻는 반면, 채굴이 이루어지는 지역에서는 엄청난 환경오염을 일으키고 있다. 이런 부분에서 보면 오히려 전기차로 전환하는 게 정말 지구의 환경을 더 낫게 만드는 일인지 의문이 들 수밖에 없다.

전기차가 탄소를 덜 배출하는 건 맞지만, 리튬 등의 희토류를 채굴하는 과정에서 더 많은 환경 문제를 야기할 수도 있기 때문이다. 유럽의 경우 세르비아에서 정부와 리오 틴토가 새 리튬 광산 개발을 강행했지만, 전국적인 대규모 시위로 난항을 겪고 있다.

일명 '리튬 트라이앵글'인 칠레, 아르헨티나, 볼리비아도 문제가 있다. 칠레는 새 진보 대통령 당선인이 리튬 국영기업을 진출시키겠다고 선언했다. 미닝 텍스(Mining tax) 부담이 상승할 것으로 예상된다. 아르헨티나는 경제 문제가 심각해 리튬을 개발할 상황이 아니고, 볼리비아의 경우 2019년 쿠데타 이후 국정이 마비된 상태다.

중국 같은 경우도 마찬가지다. 중국은 전 세계 매장량의 5.8%를 차지하고 있고, 2019년 채굴량은 9.7%에 불과했지만 리튬 정제 작업(refining)의 80%가 이루어지는 곳이다. 잠재적 위험이 될 수밖에 없다.

이러한 요인들이 전기차로의 전환을 완전히 막진 않겠

지만, 낙관론자들이 말하는 것과 같은 배터리 기술 발전
이나 수급 원활화는 무리가 있어 보인다.

전기차는 결국 배터리 문제

배터리 문제를 놓고 이렇게 길게 설명하는 이유는 배터
리가 전기차 이슈에서 매우 중요한 문제이기 때문이다. 사
실 전기차에 있어서는 배터리 문제만 해결되면 모든 문제
가 해결된다고 볼 수 있다.

하지만 배터리는 너무 비싼 데다 비효율적이기까지 하
다. 위에서 생산 비용 문제를 이야기했지만 그게 다가 아
니다.

가솔린의 에너지 집약도는 kg당 12,200wh다. 가솔린
만큼 가성비 좋은 휘발유는 사실 지구상에 아직 없다.

리튬 이온은 셀(Cell) 단위에서도 250wh/kg를 넘지
못한다. 항속 거리를 확보하려면 결국 배터리의 무게가 늘
어나야 한다. 전기차는 서울에서 부산까지도 한 번에 가
지 못하고, 중간에 충전을 해야만 한다.

그러나 전기차의 무게를 늘리면 배터리도 더 무거워
지기 때문에 많은 에너지가 들어간다. 그럼 또 항속 거리

가 그만큼 줄어들게 된다. 이 문제 연비는 악화될 수밖에 없다.

화물차 전기차가 나오지 못하는 이유도 동일하다. 많은 중량을 원거리 운송해야 하는 화물차의 경우는 도입이 어려울 수밖에 없다. 열차나 비행기의 경우도 비슷하다고 할 수 있다. 항속 거리도 짧고, 충전 시간도 오래 걸린다. 적재

에너지 밀도에 의한 용도의 제한 문제

항목	수	단위
화물차 최소 항속거리	832	km
2019 1.5~2t(중~대형 세단)복합연비	14.71	km/l
2019 8-12t카고 복합연비	3.6	km/l
비율	0.24	
EV 평균연비	4.44	km/kwh
화물 EV 추정연비	1.09	km/kwh
화물차 최소 항속거리	832	km
화물차 최소 배터리용량	766.24	kwh
배터리 에너지 밀도	3,064.95	kwh/kg
화물차 최소 베터리 무게	10000	kg
10t카고 적재중량	6,935.05	kg
10t EV카고 적재중량	44.20%	kg
효율 감소	132	
8-12t EV카고 배터리단가	101,143	$/kwh

출처: 2020에너지효율분석집, 한국에너지공단
2019화물운송시장, 한국교통연구원

중량에서 큰 손해를 보는 데다 폭발 위험까지 있다. 이건 수소차도 마찬가지다. 현재 단계에서는 내연 기관이 압도적으로 유리할 수밖에 없다.

여기서 여기서 강조하고자 하는 것은 분석 내용 그 자체는 아니다. 분석의 내용 그리고 수치들은 시간이 변하면 바뀐다. 내가 강조하고자 하는 것은 이 정도 수준의 논리적으로 충분한 분석이 필요하다는 것이다. 그러므로 수소차에 대한 분석은 지면상 생략하도록 하겠다. 그러나 수소차나 수소차 관련 주식 또는 산업에 투자하고자 하는 투자자들은 이번 장에서 전기차 산업을 대상으로 보여준 수준의 분석을 해보고 나서 투자 의사 결정을 내릴 것을 추천한다.

CapEx 부담의 문제

종래의 OEM들은 ICE 생산 공장에서 EV를 생산해왔으며, 이는 테슬라 역시 마찬가지로, 프리몬트 공장에서 생산하고 있다. 그러나 강한 원가 절감의 압박 탓에 OEM들은 EV 생산에 특화된 공장을 건설할 필요가 있다. 포드는 투자자들에게 EV로 전환하려면 50%의 CapEx 절

테슬라 기가팩토리 상하이

자료: 한국부동산원 입주물량 통계(2022년 12월 기준)

감과 30%의 노동력 절감이 가능하다고 말했으며, 폭스바겐의 CEO 역시 EV 생산에 노동력이 30% 덜 투입되므로 필연적으로 인원 감축이 있어야 한다고 밝혔다.

EV 특화 생산 공장이 종래의 ICE 공장보다 투하자본 대비 생산 대수도 많고, 향후 노무 비를 절감할 수 있다고 하더라도, 당장의 관건은 막대한 CapEx 비용을 조달하는 것이다.

테슬라의 기가팩토리 상하이는 50만 대의 생산량을 갖고 있으며, 이에 대한 투자 비용은 약 2.4조 원이다. 그러나 생산 기종은 모델 3와 Y, 둘 뿐이다.

2019 생산량과 CapEx

(단위: 원)

자동차 OEM	2019 Unit Sales	2019 CapEx	D/E
현대	7,193,337	6,377	133%
폭스바겐	10,974,636	45,329	168%
도요타	10,740,000	25,062	173%
GM	7,720,000	19,019	244%
테슬라	367,655	3,846	53%

100만 대 당 5조 원이 필요하다고 간단히 가정해볼 때, 현대차는 35조 원의 CapEx가 필요하다(지난 '17~'20 평균 CapEx 금액인 3.7조의 10배에 가까운 금액).

결국 문제는 초기 투자가 많이 들어간다는 것이다. 필요한 투자량은 많은데, 이미 부채 비율은 높다. 그렇다면 자본을 어떻게 조달할 것인가? 이는 전기차의 공정이나, 투하 자본 대비 생산 대수에 달려 있다. 생산 효율성이 관건인 것이다.

어쩌면 시간이 지나면 해결이 될 수도 있다. 아직까지는 내연 기관을 만들어온 시간이 훨씬 길기에, 전기차를 만드는 공정에는 완벽한 이해가 없어서 어쩔 수 없는 일인지도 모른다. 여러 기업이 콜라보를 해 가장 싸게 만드는 방법을 찾아내면 해결이 될 수 있다. 다만, 그러기 위해서는 당장 매우 많은 투자가 필요하다.

핵심은 분석

산업 분석은 어려운 일이다. 큰 그림을 봐야 하고, 일일이 검증도 하고, 디테일에도 신경 쓸 것이 많다. 이번 파트에서 한 이야기를 정리하자면, ESG가 산업에 미치는 영향은 불확실하고, 무조건 ESG만 강조하는 투자는 좋은 투자가 아니라는 결론이 되겠다.

또한 산업 분석은 공부가 매우 중요하다는 것을 투자자 여러분이 몸소 느끼길 바란다. 수치와 계산, 엔드 프로덕트, 그리고 산업 그 자체에 대한 이해는 투자를 제대로 하기 위해서 반드시 필요한 부분이다.

PART 4

ESG 투자 에센스
: 기업편

ENVIRONMENT

SOCIAL

GOVERNANCE

질문을 많이 던지고 대답하는 과정에서 기업과 산업에 대한 이해가 넓어지고, 그 넓어진 이해가 자신의 투자 의사 결정을 하는 근간을 이룬다.

Chapter 1
펀더멘탈 분석을 통한
베타 조정 사례

전통적인 투자 기법을 무시하고 무조건 ESG를 잘하는 기업에 투자를 하는 것은 현명한 투자자의 행동이 아니다. 전략 컨설턴트들이 기업과 산업을 분석하는 데 사용하는 프레임은 이제까지 수많은 이들이 시도하고 검증되어 내려오는 유의미한 방법들이다. ESG라는 정보가 기업을 저평가하고 있는지, 아니면 고평가하고 있는지 검증하는 데 초점을 맞추어야 한다. 이러한 맥락에서 기업을 분석할 때 ESG를 어떻게 적용할지 알아보자.

펀더멘털한 가치를 봐야 한다

"그래서 이 주식을 사야 하나? 말아야 하나?"

아마도 투자자들이 가장 궁금해하는 정보는 이것일 것이다. 그러나 그에 대한 답은 신만이 안다. 시장의 가치는 순간순간 변하기에 매번 맞춘다는 건 불가능하다.

그러나 기업의 근본적인 가치가 갑자기 줄거나 증가하지는 않는다. 잠시 단기 시장 수급에 문제가 있을 수도 있고, 트러블이나 호재가 있어 잠깐 주식 가치가 변화할 수는 있어도, 해당 기업이 가진 펀더멘털(fundamental)한 가치 자체는 여전히 그대로 있다.

그렇기에 일명 '리딩방'을 믿어서는 안 된다. 리딩을 하는 이들은 수급의 문제로 차트를 보면서 모든 것을 파악할 수 있는 것처럼 생각하기 때문이다.

그러나 수급이 모든 걸 파악하게 해주는 것은 결코 아니다. 시장에서 얼마나 되는 사람이 이걸 원하고 원하지 않는지, 또 얼마의 돈이 들어와 있는지 알아야 하지만 그건 아무도 알 수 없다. 수급 자체가 중요하지 않은 건 아니지만, 그게 전부라는 허상이 투자자의 눈을 가로막아서는 안 된다.

수급은 볼 수 없다. 그러나 펀더멘털한 가치는 볼 수 있다. 그러니 볼 수 있는 것을 분석하고, 거기에 기반해 수급이나 시장 상황에 대한 불확실성을 감수하고 투자를 해야 하는 게 당연하다.

펀더멘탈 분석을 통한 베타 조정 사례

우선 ESG가 베타에 미치는 영향을 추정하여 투자 전략에 어떻게 접근해야 할지 알아보자. '베타'가 무엇인지 이해하기 위해 시코모(Sycomore)라는 자산운용사의 분석 결과를 가져왔다. 이 사례는 PRI가 발행한 『주식 투자를 위한 ESG 통합 실용 가이드』를 참고해 재구성한 것이다.

이 펀더멘탈 분석을 통해서 ESG 요인이 베타에 어떤 영향을 미치는지, 또 어떻게 분석을 해야 하는지 짚어볼 것이다. 이는 펀더멘탈 분석에 CAPM(Capital Asset Pricing Model) 즉 자본자산 가격 결정 모형을 넣는 것인데, 이를 통해 체계적 위험을 수정하고 패시브 전략을 어떻게 구사할지 알 수 있다. 이러한 분석은 자연스럽게 스마트 베타 전략으로 넘어가게 된다.

감이나 운으로 승부하지 말라

가치 투자에 있어 기업의 미래 성과 추정은 매우 중요하다. 그리고 이러한 성과 추정은 활용 가능한 데이터를 이용해서 투자의 기회를 파악하는 데 쓰인다.

여기서 '활용 가능한 데이터'란 경제 동향, 거시 경제 지표, 경쟁 환경, 산업 현황, 산업의 방향성 그리고 회사 제품 및 서비스의 시장 잠재력, 운영 관리 및 고위 경영진에 대한 정보, 정성적 그리고 정략적 분석 결과 등 모든 정보를 말한다.

이러한 데이터를 기반으로 기업의 내재 가치를 분석하고 평가해, 그 결과를 현재의 주가와 비교한 뒤 해당 기업이 고평가되어 있는지, 저평가되어 있는지 확인하는 것이 펀더멘탈 분석의 목표이다.

유럽의 식품 산업을 하는 기업들 몇 곳에 ESG 요인을 적용해보려 하며, 그 이유는 장기 투자를 통해 지속 가능한 가치를 창출할 수 있는 기업을 찾기 위해서다. 단기적으로는 가격이 흔들리더라도 결국 펀더멘탈에 수렴할 수 있는 기업을 찾아내려는 것이다.

물론 단기적인 투자를 할 때는 펀더멘탈이 아무 의미도 없을 수 있다. 그러나 이 책에서는 감이나 운이 아닌,

공부를 통해서 투자할 수 있는 기업을 찾으려 하기 때문에 펀더멘탈이 매우 중요한 것이다.

장기적인 투자를 한다고 할 때, 한 기업이 지속 가능한 가치를 창출한다면 결국 오랜 시간에 걸쳐서 펀더멘탈한 가치로 가격이 수렴한다. 즉, 우리의 목표는 기업들 중에서 시장 가격이 그 기업의 내재 가치에 수렴할 만한 곳을 찾는 것이다.

식품 산업의 기회
....

유럽 식품 산업의 경우, 식량의 질적 향상을 위한 수요가 산업 성장의 핵심 요인이다. 생각해보자. 소득 수준은 꾸준히 나아지고 있고, 속도가 줄더라도 세계는 장기적으로 볼 때 계속 경제적으로 성장해간다.

인간은 더 나은 삶을 위해서 돈을 벌고, 자본을 축적한다. 자본을 축적하는 이유는 더 나은 삶을 살기 위해서이고, 더 나은 삶의 핵심에는 의식주가 있다. 돈을 번 사람은 제일 먼저 좋은 것을 먹고, 좋은 옷을 사며, 좋은 집에 살려고 한다.

결국 식품 산업의 방향성은 인류의 부와 생산성이 증

대함에 따라 더 좋은 음식을 소비하는 데 있다. 이 수요가 산업 성장의 핵심 유인이다. 현재 활용 가능한 식품의 수요량과 2050년까지 필요한 수요량을 비교해보면 70% 정도의 성장이 예상된다. 즉, 고객이 가치적으로 70% 이상의 더 많은 음식을 요구할 거라는 뜻이다. 또한 저소득층과 중산층의 소득 향상에 따른 식품 소비도 증가할 것이므로, 전체적인 생활 수준 향상에 의해 식품 수요의 질적 상승이 이루어질 것이다. 이것이 식품 산업에서 첫 번째 가장 큰 기회이다.

두 번째 기회는 기술의 발전을 통해 먹이 사슬을 따라 낭비되는 자원의 절약 가능성이 생긴다는 점이다. 아직까지는 풀에서부터 초식 동물, 육식 동물, 인간에 이르는 먹이 사슬 과정에서 매우 많은 에너지가 낭비되고 있다. 그러나 기술이 발전하면서 이렇게 낭비되는 에너지는 꾸준히 줄어들어왔고, 앞으로도 줄어들 것이다. 에너지 낭비를 줄이는 방향으로 기술이 발전하면서 이에 들어가는 여러 가지 비용 또한 줄어들 것으로 보인다.

식품 산업의 리스크

물론 리스크 또한 존재한다. 첫째로 환경적 리스크를 들 수 있다. 특히 유럽의 경우 더욱 크게 작용하는 리스크인데, EU는 온실 가스 배출 규제에 진지하다. 농업은 현재 EU 온실 가스 배출량의 10%를 차지하고 있다 보니 가장 먼저 규제할 산업 중 하나로 여겨진다. 규제가 이루어지면 식품 산업의 입장에서는 원자재 가격이 올라가는 셈이다.

또한 유럽은 단일 경작 용지를 광범위하게 오래 사용한 결과 생물 다양성이 손상되고 토지의 영양분 저하와 침식으로 인한 나쁜 토질 문제도 있다. 프랑스나 이탈리아는 스위스 고산 지대에서 물을 많이 퍼왔는데, 보통 천연 자원이라 생각할 때 떠올리는 석탄이나 희토류뿐만이 아닌, 땅 자체를 혹사시킨 문제가 있다. 그러다 보니 농업 생산성이 계속 떨어지고 있는 중이다.

두 번째는 경제적 리스크다. 대규모 식품 생산 업체와 유통업자의 등장으로 가격 결정권이 생산자가 아닌 중개자에게 이동해 있는 상황이고, 이로 인한 농민의 피해가 발생하고 있다.

정치적·규제적 불안정성 또한 점점 커지고 있다. 러시아와 EU 간의 갈등이 커져 특정 식품 가격이 급격히 하락해 농민의 수입 안정성이 타격을 입을 수 있다는 문제가 있다. 실제로 2014년 러시아의 EU 식품 수입 금지 조치와 유럽의 우유 쿼터 종료가 문제가 됐던 적이 있다.

비교적 엄격한 환경과 동물 복지 기준에 따라 지난 10여 년간 농민의 비용도 크게 증가했다. 유럽은 윤리적 이유뿐 아니라, 땅이 혹사당하고 그 땅 위에 있는 동물들도 유전자적으로도 문제가 많기 때문에 이처럼 엄격한 동물 복지 기준을 만들어야 했다. 유럽의 경우 동물 복지가 실질적인 경제적 니즈이므로 이런 규제의 방향성은 바뀔 가능성이 매우 낮다. ESG를 진지하게 바라보는 EU의 규제적 시각이 바뀌지 않을 거라고 전망하는 이유다.

세 번째로는 사회적 리스크가 있다. 유럽 소비자들의 육류 소비가 계속 감소하고 있고, 가금류와 같은 극소수의 육류만 소비가 증가 중이다. 채식주의자가 늘어나는 추세인 것도 큰 이유다. 또한 농민들이 주도하는 시위는 경제 전체에 부정적인 영향을 미칠 수 있다.

SPICE 모델

이런 기회와 리스크를 어떻게 반영해야 할까? 오른쪽

SPICE 모델

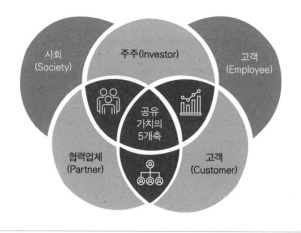

출처: 주식투자를 위한 ESG 통합 실용가이드, PRI 재구성

은 기회 및 리스크를 통합한 SPICE 모델이다.

　기업의 비즈니스 모델의 지속 가능성을 추정하기 위해 만든 것으로, 기업이 사회(Society), 인간(Person), 투자자(Investor), 고객(Customer), 환경(Environment)과 같은 이해 관계자들에게 가치를 창출해내는지를 분석할 수 있다.

　기존의 경영학이 과학적 관리의 효율성을 기반으로 발전되어왔다면, 최근의 기업 생태계 관점은 협력과 사회가 더해져서 상생의 관점으로 본다는 것이 이 모델의 특징이다. 생태계 관점에서는 모든 개체가 구성원으로서 필요하며, 환경과 조화되어 함께 진화한다는 것을 의미한다.

투자 가능한 풀(pool)에 포함된 각각의 회사에 SPICE 등급을 해당 기업이 이해 관계자들에게 미치는 영향에 따라서 부여해보자. 현재 SPICE 등급이 시장 가치에 반영되어 있지 않다고 가정하고서 투자자 스스로 계산을 해보는 것이다.

시장에서의 가치는 투자자 입장에서의 가치가 반영되어 있다고 가정하는데, 이해 관계자들이 이 기업을 보는 시각에 대한 가치는 현재 시장 가격에는 포함되어 있지 않다(기업의 지속 가능한 가치 창출에 영향을 주는 이해 관계자들이 현재 주가에는 미반영되어 있다)는 것이 이 분석의 핵심이다.

이들은 기업의 지속 가능한 가치 창출에 영향을 주는 주체들이다. 규제가 되었든, 소비자로서든, 또는 기업이 운영되는 산업에서든, 기업에 속한 국가에서든, 이해 관계자들이지만, 현재 주가에는 반영이 되어 있지 않다.

SPICE 모델을 활용하면 기업이 경제 활동을 하면서 ESG와 관련하여 기업의 다양한 이해 관계자들에게 어떤 가치를 창출할 수 있는지 분석할 수 있다. 그런데 이러한 가치들은 아직 주식 시장에서 기업의 가치를 인식하고 분석하는 데 있어 반영하지 않는다.

사회 분위기가 변화하고 투자자들의 ESG 활동에 대한 요구가 늘어나면서 멀지 않은 시일 내에 이러한 기업이 창출해 낼 수 있는 ESG 관련 가치들이 주식 시장에서 반영될 것이라고 가정한다면, 이제는 기업 가치를 분석할 때 있어 기업이 창출해내는 ESG 관련 가치들 또한 고려해야할 것이다.

체계적 위험을 반영하기

먼저 체계적 위험에 대해 설명이 필요할 듯하다. 앞서 말한 '베타'에 대한 이야기다.

'체계적 위험'이란 모든 기업에 공통적으로 영향을 미치는 경기 변동, 물가 상승, 정부 정책, 이자율 등과 같은 요인에 의해 나타나는 주가 변동의 위험을 뜻하는 말이다. 즉, 시장이 1%로 상승하다고 할 때, 내 주식은 몇 프로 상승할지 아니면 떨어질지, 반대로 시장이 1% 빠지면 어떻게 될지를 가리키는 말이 체계적 위험이다. 시장 전체의 변화에 대해 특정 주식의 주가 또는 수익률이 얼마나 예민하게 반응하느냐를 알 수 있다.

체계적 위험은 시장 전체와 개별 종목의 변화율의 관계를 나타내는 회귀 방정식의 기울기로 측정할 수 있다. 그래서 투자 이론에서는 베타(β)로 측정 가능하다.

예를 들어 주식 지수가 2% 상승할 때 2의 베타를 가지고 있는 기업 주식의 체계적 위험을 반영한 가격 변화량은 +4% 이다. 주식 지수가 2% 하락할 때 1.5의 베타를 가지고 있는 기업 주식의 체계적 위험을 반영한 가격 변화량은 -3% 이다.

핵심은 기업 이해 관계자의 체계적 위험을 반영하는 것이다. 아직까지 시장에서 투자자와 기업만의 체계적 위험을 반영하고 있었다면, SPICE 모델을 이용해서 기업 이해 관계자들이 그들의 체계적 위험을 반영해서 두 차이를 보는 것이다.

이해 관계자들의 체계적 위험을 감안한 기대 수익이 지금의 기대 수익보다 높다면, 이 주식은 결국 시간이 지나면 주가가 상승할 거라고 본다.

SPICE 등급에 따른 차이

SPICE 등급이 높다면 이해 관계자들에게 미치는 긍

정적인 영향이 높다는 뜻이다. 기존 금융 데이터를 이용해 추정한 시장 전체에 영향을 미치는 공통 요인에 대해 기업이 노출되는 정도는 실제 기업이 이해 관계자에게 미치는 외부 효과를 반영하고 있지 않다. 그래서 기업의 체계적 위험은 이해 관계자의 체계적 위험보다 낮다. 높은 SPICE 등급을 가진 기업의 이해 관계자 베타는 기업의 베타를 하향 조정해서 추정할 수 있다.

반대로 SPICE 등급이 낮으면 정반대가 된다. 기업이 이해 관계자들에게 부정적인 영향을 미치 수 있다는 뜻이다. 그러므로 베타를 상향 조정해야 한다.

예를 들어, SPICE 등급을 A+, A, B, C, C-로 놓고, 그에 따라 베타를 - 20%부터 + 20%까지 조정하고, 기업들의 베타를 구한 뒤 SPICE 점수를 계산한 다음 그에 따라 조정된 베타를 계산해보면 된다.

SPICE 등급	베타 조정
A+	-20%
A	-10%
B	0%
C	+10%
C-	+20%

회사명	최초 베타	SPICE 점수	ESG의 주요 장점 및 단점	조정 베타
Bonduelle	1.25	A	긍정적 요소: • 직원 및 공급업체에 대한 진정한 참여 • 환경 영향을 줄이기 위한 농업 기술 • 투자자와 대화를 나누는 이사회 구성원 부정적 요소: • 소수 주주에게 권리를 거의 주지 않는 지배 구조	1.13
Casino	1.15	B	긍정적 요소: • 제품 라벨링을 통해 환경 인식을 재고한 최초 기업 부정적 요소: • 복잡하고 상대적으로 위험도가 높은 회계 구조 • 경영권 방어 장치	1.15
Fleury Michon	1.35	A	긍정적 요소: • 제품 품질 및 신회성에 대한 엄청난 노력 • 상대적으로 높은 결근과 건강 및 안전 문제가 있는 본질적으로 어려운 업무 부정적 요소: • 상대적으로 높은 결근과 건강 및 안전 문제가 있는 본질적으로 어려운 업무	1.22
Tesco	0.80	B	긍정적 요소: • 책임 거래, 공급망 내 리스크 관리 및 공급업체와의 지속적인 관계 구축에 대한 전세계적인 계획 부정적 요소: • 큰 목표가 전 세계적으로 BAU(Business As Ssual)가 되기까지는 어느 정도 시간이 걸릴 것 • 사기 및 회계 리스크	0.80
Unilever	0.70	A	긍정적 요소: • 야심 찬 지속 가능성 리더십 2020년 목표 설정 부정적 요소: • 제품 내용 및 제형에 대한 단일 글로벌 표준을 설정하는 데 더 많은 작업이 필요	0.63
Wessanen	1.05	A+	긍정적 요소: • 건강에 좋은 천연 및 유기농 제품 • 환경, 직원 및 공급업체에 대한 헌신	0.84

출처: 주식투자를 위한 ESG 통합 실용가이드, PRI 재구성

SPICE 점수와 조정된 베타, 2가지를 비교해보고, 투자 의사를 결정할 때 조정된 베타를 반영하기만 하면 된다.

물론 투자 의사 결정을 이것만 가지고 할 수는 없으며, 개별 기업의 가치가 더 중요하다. 기존에 애널리스트가 하던 분석을 모두 시행한 뒤, 여기에 SPICE 등급도 반영해야 한다.

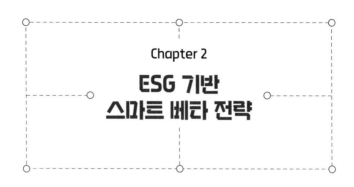

Chapter 2
ESG 기반
스마트 베타 전략

스마트 베타 전략

여기까지가 '베타'였다면, 지금부터는 '스마트 베타'에 관한 설명이다. 예전에는 스마트 베타를 전략적 베타 또는 베타 틸팅(tilting)이라고 불렀다. 패시브 투자 전략과 액티브 투자 전략을 합친 것인데, 패시브 전략은 인덱스, 코스피 지수를 사는 것이고, 반대로 액티브 투자는 개별 주식을 내 기대에 따라 사는 것이다. 이 2가지를 동시에 할 수 있을까?

앞서 설명한 베타를 이용한 것이 패시브 전략에 속한

다. 지수를 갖고 투자를 하는 것이기 때문이다. 스마트 베타 전략을 지수를 기반으로 해서 베타를 활용하는데, 포트폴리오의 기대 수익과 위험의 노출 정보를 결정하는 것은 같으나, 매니저가 그 지수를 스스로 구성한다는 데서 차이가 있다.

일반적인 패시브 전략은 코스피나 시장 전체를 대변하는 인덱스들을 이용한다면, 스마트 베타 전략을 매니저가 생각하는 기준들로 인덱스를 새로 구성(액티브)하는 것이다. 그리고 그 인덱스를 기준으로 패시브 플레이를 한다.

투자자가 생각하는 인덱스를 만들어놓고, 그 인덱스를 기준으로 패시브 전략을 구사하기 때문에 이를 스마트 베타 전략이라고 하는 것이다. 여기서 그 기준은 장부가를 시가로 나눈 것이 될 수도 있고, 모멘텀이나 저변동성, 퀄리티 등이 될 수도 있다.

스마트 베타 전략의 핵심은 지수를 구성하는 기준의 위험 대비 수익을 향상시킬 수 있는 요인을 적용하는 것이다. 스마트 베타 전략을 왜 할까? 위험 대비 수익을 향상시킬 수 있는 새로운 요인을 지수에 포함함으로써 기대 수익을 높이고 변동성을 줄이기 위함이다.

포트폴리오 구축 방법론

스마트 베타 전략의 포트폴리오는 경험 기반과 최적화 기반 2가지로 짤 수 있다. 경험 기반은 지수 구성에 있어서 가중 방법을 정할 때, 지수를 구성하는 요소(주식)들 모두에 체계적으로 적용되는 방법을 경험 기반 규칙 즉 실증적 데이터 분석을 이용하여 구성할 수 있다. 예를 들어 모멘텀 가중 지수를 구성할 때, 주식들의 가중치는 개별 주식의 모멘텀 점수를 이용해 하는 것이다.

코스피 같은 경우는 시가 총액을 기준으로 만들었다면, 모멘텀 점수를 따라서 인덱스를 구축할 수 있는 것이다. 그리고 가중 방법의 기대 수익을 극대화하거나 가능 위험을 최소화하는 포트폴리오를 만드는데, 그 목적을 위해 최적화를 시키면 된다.

최적화란 주어진 환경 내에서, 주어진 데이터 내에서 기대 수익을 최대화하는 동시에 변동성은 최소화시키는 조합을 찾는 것을 의미한다. 그 가중치들을 역으로 찾아내는 것이다. 이때 지수를 구성하는 주식들의 미래 기대 수익 및 변동성에 대한 예측이 전략에 포함되어야 한다는 문제가 있다. 이는 미래 지향적인 것이기 때문이다.

최적화를 할 때는 과거를 최적하는 게 아니다 보니, 각

각의 지수를 구성하는 주식들의 미래 기대 수익과 변동성에 대한 가정이 들어가야 한다.

ESG 요인 기반 스마트 베타 전략

ESG 요인 기반의 스마트 베타 전략에는 2가지 방법이 있다.

첫째, ESG 요인을 기반으로 하는 스마트 베타 전략이다. 스마트 베타 전략에서 ESG를 활용하는 목적은 우선 초과 리스크 조정 수익을 창출하기 위해서다. 예를 들어 변동성을 시장에서 3% 가져갔을 때, 내 포트폴리오의 수익 변동성이 3%면 기대 수익이 7%라고 해보자. ESG 요인을 활용하며 이 위험을 2%로 줄일 수 있다. 더 낮은 변동성으로 똑같은 수익을 창출해낸 것이다. 이렇게 하면 하방 위험이 감소할 수 있다. 그리고 포트폴리오의 ESG 리스트 프로파일을 향상시킬 수 있는데, 개인적인 목적 의식이나 규제에 따라서 이벤트 리스크를 줄일 수 있다는 것이다.

두 번째는 ESG 요인으로 포트폴리오 위험 대비 수익에 미치는 영향을 분석하는 것이다. 개별 기업의 ESG 활동 정도, 그리고 ESG 위험에 대한 노출 정도, ESG 효율성에 대한 분석으로 이러한 영향을 분석할 수 있다. 다만 개별 기업의 ESG 활동 정도는 산업별로 기준이 상이할 수 있다. 특정 산업에서는 ESG 활동이 낮은 기업의 위험 대비 수익률이 높을 수도 있기 때문이다.

그럼 이제 스마트 베타를 어떻게 구성해야 할지 알아보자.

'ESG 기준'을 정하는 기준은 자본 시장의 구성 요소, 즉 주식에 포괄적으로 적용할 수 있는 것이 중요하다. 투자자 본인이 관심 있는 대부분의 주식에 이 기준을 적용할 수 있어야 한다는 뜻이다.

그러므로 ESG 기준은 일반적으로 자산을 클래스별로 분리하고, 산업별로 분리하는 기존 주식 스크리닝 절차에 있어서 새로운 기준점을 제시하고 위험 대비 수익률을 향상시킬 수 있다. 우리는 앞에서 산업별로 주식을 나눠보기도 하고(에너지 섹터에 투자하기), 자산을 클래스별로 분류하기도 해봤다(주식에 투자할지, 채권에 투자할지, 파생 상품에 투자할지). 그 기준을 ESG로 바꾼다는 게 유일한 차이점이다.

이제까지 해오던 것을 크게 바꾸는 것이 아니라, 분류

재무적 중요 요인

고전적인 자산 관리 절차		전문가 중심의 자산 관리 절차			
주식	채권	ESG를 포함한 재무적을 중요한 신호에 대한 리서치 전문성			
재무 분석	재무 분석				
ESG 통합	ESG 통합	적극적 주식	스마트 베타	소극적 주식	채권

기준을 ESG 삼는다는 것만 다르다.

위 표는 ESG를 포함한 재무적으로 중요한 요인들에 대해서 리서치 전문성을 살려 어떻게 나눌 수 있는지를 보여준다.

이미 해오던 방식인 고전적인 자산 관리 절차에 있어 ESG를 포함한 재무적 분석이란 이미 앞에서 설명한 대로 ESG 통합이라는 틀 아래서 재무적 분석을 수행하는데 ESG 요인들을 반영하는 것을 의미한다. 즉 기존의 재무적 투자의 목적인 수익률 극대화를 포기하지 않은 채, ESG 요인의 고유성과 특별함을 분석에 더하는 것이다.

이런 방식은 기존의 분석 방법론에서 크게 벗어나지 않는 선에서 ESG 요인을 포함한 재무적 분석을 수행할 수 있다는 장점이 있다. 그러나 동시에 ESG 요인을 적극적으로 반영하지는 못하고 보조적인 도구로만 이용한다는 한계 또한 존재한다.

이와는 대조적으로 ESG 전문가를 중심으로 하는 자산 관리 절차를 만들 수 있다. ESG 요인들을 포함하여 재무적으로 중요한, 그리고 선호되는 요인들을 재무적 리서치에 반영하고 리서치를 수행하는 인력의 전문성을 살리는 것이 이 절차의 가장 중요한 목적이다. 이런 절차 아래서는 재무적 요인들을 ESG 요인들을 단순히 반영하는 데 그치지 않고, 스마트 베타와 같은 기업의 ESG 활동을 중심에 둔 재무 분석 및 자산 관리 절차를 수행하는 데 의의가 있다.

ESG 기준 수립에 고려할 점 4가지

스마트 베타를 구성하는 ESG 기준을 수립하는 데 있어서 다음 4가지를 고려해야 한다.

첫 번째는 데이터 품질 및 독립성이다. 스마트 베타 추정의 전제는 동일한 요인을 기반으로 기업을 평가한다는 것이다. 충분히 질이 좋은 독립적인 데이터를 체계적으로 확보하는 것이 중요하다.

두 번째는 새로운 데이터를 활용한 투자 절차의 혁신이다. 새로운 데이터를 이용하기 때문에, 이에 맞춰 투자 절차를 조정하는 건 이제껏 다른 방식에서도 해오던 일이다.

세 번째는 회사의 특성과 포트폴리오의 목적을 정확하게 하는 것으로, 가장 중요한 부분이다. 단순히 'ESG를 잘하는 회사에 투자한다'가 목적이 되어서는 안 된다. 중요한 것은 '누가, 어떻게, 왜?'이다. 스마트 베타 전략은 기본적으로 패시브 전략이기 때문에, 특정 요건을 충족하는 모든 기업에 일관되게 적용된다. 이는 많은 액티브 전략들이 개별 기업이 달성해내는 성과 및 기회에 중점을 두는 것과는 상반되기 때문에, 스마트 베타 전략을 구사하는 데 있어서 전략 자체의 이러한 패시브적 요소를 항상 염두에 둘 필요가 있다. 스마트 베타의 특성상 크게 유의미한 한 가지 요인보다는, 수십 가지의 작지만 유의미한 움직임들을 찾아내어 지수에 결합하면서 포트폴리오의 전반적인 성과를 향상시키는 것을 목표로 한다. 스마트 베타 투자 절차는 개별 회사 수준에서 특성을 평가하고, 포트폴리오 수준에서는 투자 목적에 따른 종목의 올바른 조합 여부를 고려할 필요가 있다. 결국 투자자의 방향성이 가장 중요하다. 투자자가 가지고 있는 방향성에 의해서 이 전략은 완전히 좌지우지되기 때문이다.

네 번째로 재무 데이터의 통계적 분석 또한 중요하다. ESG 요인을 이용해 구성된 지수에 대한 각 기업의 베타를 분석하는 핵심적인 이유는, ESG 요인을 이용하는 것이 투자 포트폴리오의 리스크 조정 수익률에 어떻게 영향을 미치는지 이해하는 것이다. ESG 요인을 이용하면 포트폴리오의 수익률 변동뿐만 아니라, 추진 요인 간의 계층 구조에도 영향을 미칠 수 있다. 예를 들어, 특정 주식 포트폴리오의 수익률 변동성이 가치(value) 특성과 기업 지배 구조(governance) 특성 중 어느 쪽에 의해 더 많은 영향을 받을지 알 수 있다.

분석의 중요성은 아무리 강조해도 부족하지 않다. 분석은 항상 똑같은 답을 낼 필요도, 그 함의가 다 똑같을 필요도 없다. 다만, 분석을 해보면서 회사와 산업에 대한 이해가 깊어지는 게 중요한 것이다. 이런 공부가 기반이 되면, 다른 이슈가 터졌을 때도 적극적으로 대응할 수 있다. 이처럼 분석한 기업에 대해 많은 것들을 알고 있다면, 투자 의사 결정을 할 때 자신의 방향성에 맞춰서 의사 결정을 할 수 있다.

ESG 요인을 이용한 지수 구성의 사례

캘버트 워터 리서치 인덱스(Calvert Water Research Index)의 사례를 보자. 캘버트 인베스트먼트는 1976년에 설립되었으며, 책임 투자에 매우 진정성 있는 투자 관리 회사이다. SRI에 진지한 회사라고 할 수 있겠다.

이 회사에서는 지속 가능한 수질 환경을 구축하는 기업들로 인덱스를 만들었다. 이를 통해 물에 대한 접근성을 높이고 수질을 개선하며, 물이 낭비되지 않고 효율적으로 사용될 수 있게 시스템을 구축하는 등 다방면으로 활동을 펼치는 기업들이 지수에 포함된다.

이들은 수도 공급 부문에 포함되어 있는 기업들 중에서 수자원 집약 산업에 활동하는 기업들, 혁신적인 수도 공급 솔루션을 제공하는 기업을 찾아내 인덱스에 넣었다.

어떻게 인덱스를 구축했는지, 구체적인 구축 방법을 알아보자. 이들은 먼저 상장 기업 3만 개 중 유틸리티, 인프라, 기술 등 수도 공급과 관련 있는 3개 섹터의 6천 개 기업을 식별했다. 그 뒤 시가 총액, 거래 유동성(20일 평균 거래량)을 기준으로 필터링을 거쳤다. 이렇게 필터링을 거치는 이유는 6천 개 기업 중에서는 주식 시장에서 거의 거래가 안 되는 기업도 있을 수 있기 때문이다. 이런 기업의 경우 사도 제값을 못 받고 팔 수도 있기 때문에 유동성을 본 것이다. 잘못하면 사고 싶은 사람과 팔고 싶은 사람이 거의 없는 상황에서, 살 때는 비싸게 사고 팔 때는 싸게 팔아야 할 수도 있다.

위와 같은 필터링을 거쳐서, 물 관련 사업으로 인해 발생하는 매출이 총 매출의 30% 이상인 회사 중에서 프리미엄 또는 디스카운트 없이 거래할 수 있는 기업의 목록을 작성했다. 물 관련 산업에 있는 기업들 중에서, 시장에서 거래할 때 돈을 더 주고 사거나 돈을 덜 받고 팔지 않아도 되는 기업을 찾아냈다는 뜻이다.

새로운 지수 + 베타

그러므로 지수는 시가 총액, 유동성 기준을 충족하고, 책임 투자를 위해 수립된 캘버트 원칙에 부합하는 물 관련 사업을 영위하고 있는 기업으로 이루어지게 된다.

이 지수는 매년 1회 이상 검토되어 재구성되며, 분기

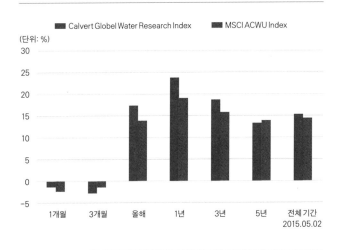

단위로 재조정을 한다. 지수 구성 요인의 다양성을 위해 수정된 시가 총액에 의해 가중치를 매기고, 유틸리티와 인프라, 기술 각각의 섹터가 1/4씩 가중치를 받는다. 이 안에 있는 기업들 중에서 1/4는 유틸리티 산업에서, 1/4는 인프라 산업에서 1/4는 기술 산업에서 가져오는 것이다. 그리고 나머지 1/4의 가중치를 물 솔루션 제공 기업에 할당한다. 이렇게 가중치를 제공받는 섹션당 최대 5%에 한해서 신흥 시장의 기업을 포함할 수 있다.

이런 것을 두고 '투자의 방향성'이라고 할 수 있겠다. 자

Top 10 Constituents

Ecolab Inc	1.98%
xylem Inc/NY	1.92%
IDEX Corp	1.81%
Pentair PLC	1.73%
Tetra Tech Inc	1.7%
Evoqua Water Technologies Corp	1.69%
Watts Water Technilogies Inc	1.67
Rexnord Corp	1.65
Kurita Water Industries Ltd	1.62
Loxil Corp	1.61
전체	17.37

신이 원하는 기업이 무엇인지, 투자하고 싶은 건 뭔지, 구체적으로 이해해야 기업을 스크리닝해낼 수 있다.

이 지수의 수익률을 보면 꽤 좋다는 것을 알 수 있다. 1년 기준으로 봤을 때 20% 이상의 수익률이 난다.

이렇게 지수를 만들어놓고 나면, 지수를 통해서 베타 플레이를 할 수 있다. 기존과 똑같이 분석하면 된다.

지수가 만들어지면, 지수를 기준으로 베타를 계산해내고, 그 뒤 내가 얼마큼 사야 할지 포트폴리오 옵티마이제이션이 일어난다. 기존의 프로세스가 바뀌게끔 새로운 지수를 만드는 게, ESG 기반 스마트 베타 전략의 핵심이다.

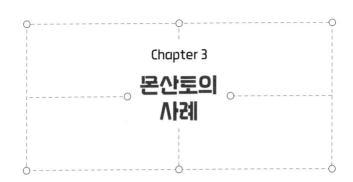

Chapter 3
몬산토의 사례

앞서도 간단히 언급하고 넘어갔던 몬산토의 이야기는 ESG를 이야기할 때 절대 빠지지 않고 등장하는 사례다. 이 유명한 일화를 시각을 조금 바꿔서 다시 살펴보자.

몬산토 기업 개요

몬산토는 세계 1위 GMO 기업으로, 2016년 660억 달러에 바이엘에 인수됐다. 2014년 미국에서 80%의 옥수수와 90%의 콩이 몬산토 유전자를 함유하고 있었고, 당

세계 작물 상품 시장 점유율

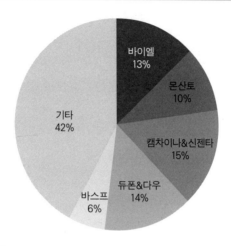

바이엘
13%

몬산토
10%

캠차이나&신젠타
15%

듀폰&다우
14%

바스프
6%

기타
42%

2015년 기준

시 바이엘과 합병하면 세계 작물 상품 시장 점유율에서
도 1위를 차지할 것이라는 목소리가 높았다.

　그러나 몬산토는 발암물질인 DDT, 에이전트 오렌지
등 환경 및 인체에 매우 안 좋은 제품을 제조한 이력이 있
다. BT 면화가 인도 시장에 도입된 지 10년 만에 88%의
점유율을 보였으나, 이로 인해 강력한 해충이 등장해 종
자까지 죽임으로써, 종자까지 새로 사야 했던 농부들이
결국 파산하고 자살함으로써 몬산토 책임론이 대두한다.

US 면화 GM 유전자 시장 점유율 1(2015년 기준)

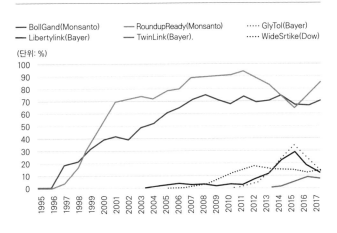

출처: https://www.oecd-ilibrary.org/sites/9789264308367-6-en/index.
html?itemId=/content/component/9789264308367-6-en

US 면화 GM 종자 시장 점유율 2

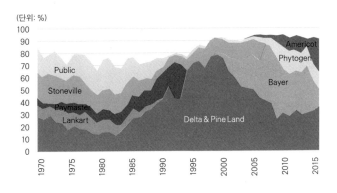

출처: https://www.oecd-ilibrary.org/sites/9789264308367-6-en/index.
html?itemId=/content/component/9789264308367-6-en

Seeds and Traits

라운드업은 글리포세이트 기반의 성능이 매우 뛰어난 제초제이이다. 1976년에 개발되고 2000년에 특허가 만료되었음에도 불구하고, 농민들의 보수적 성향 탓에 라운드업은 계속해서 쓰이게 된다.

그리고 이 제초제는 농약 매출을 견인하게 된다. 라운드업으로 경작지를 정리하면, 글리포세이트의 면역인 '라운드업 레디' 종자를 파종하는 식으로, 'Seeds and

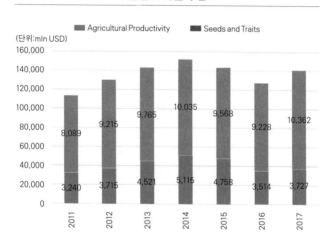

몬산토 매출 구성

출처: https://www.oecd-ilibrary.org/sites/9789264308367-6-en/index.
html?itemId=/content/component/9789264308367-6-en

Traits'라고 하는 종자 및 유전자 매출의 대부분을 차지하고 있다.

2015년, WHO의 IARC 분과에서 글리포세이트를 발암 물질로 분류한다. 그러자 캘리포니아에서는 100명 정도의 원고가 몬산토를 상대로 소송을 낸다. 그다음 해인 2016년에 바이엘이 몬산토를 660억 달러에 인수하겠다고 발표하고, 2017년에는 일명 '몬산토 페이퍼'라고 하는, 몬산토가 이 모든 것을 의도했다는 증거가 법정에 제출된다. 법정은 이 자료를 공개하라고 명령한다.

2018년 바이엘은 몬산토 인수를 완수하고, 합병 후 2주 뒤 캘리포니아주 법원은 원고 1명당 2억 9천만 달러나 되는 징벌적 배상 판결을 한다. 패소 후 사람들은 만 명 단위로 고소를 하기 시작하고, 이로 인해 주가는 폭락한다.

몬산토 페이퍼

사실 법원의 최초 판결을 이끌어낸 것은 라운드업의 유해성에 대한 심리가 아니었다. 이는 몬산토가 위험성을 은폐하기 위해 벌인 전방위적 로비에 대한 징벌이었다. 문산토의 연구소장이 '발암 물질일 가능성이 없다고 하기에는 해당 분야에 충분한 연구가 이루어지지 않았다'라고 말한 통신 내용이 공개된다. 또한 내부 문건에서 몬산토가 완성도 높은 초안을 제공하면 유명 석학들이 검토한 후 자신의 서명만 얹는 고스트라이팅이 적발됐다.

WHO 내부자들을 통해 엠바고 상태의 IARC 연구 결과를 몬산토에서 미리 제공받고, IARC의 신뢰성을 훼손시키기 위해 비판하는 내용을 『포브스』 등에 기고한다. 미국 환경 보호국(EPA)에 자사 직원들을 침투시켜 의견을 바꾸려고도 하고, 유리한 내용을 출판하는 기관 및 연구자에 자금을 후원하기도 했다.

이 모든 내용이 몬산토 페이퍼에 담겨 있었던 것이다.

ESG 리스크

주가는 급락했고, 아직도 3만 명이 소송을 진행 중이다. 매우 잘 알려진 케이스이지만, 여기서 우리는 조금 다른 지점에 초점을 맞출 필요가 있다.

많은 이들이 단순히 몬산토의 잘못으로 합병 후 바이엘의 주주 가치가 하락했다는 데만 초점을 맞추지만, '바

바이엘의 주가 가치

(단위: 달러)

110 — 바이엘, 몬산토 인수 완료

바이엘, 최소 패소, 즉각 항소

90 —

바이엘, 또 다른
원고에게 20억
달러 패소

바이엘, 전체 원고들에게
10억 달러 합의 제안,
12.65만 명과 합의

70 —

아직 3만 여명의
원고가 소송 중

Class action la
wsuit 폭증, 주가
-40% YTD

50 —

30 —

1/2 4/2 7/2 10/2 1/2 4/2 7/2 10/2 1/2 4/2 7/2 10/2 1/2 4/2 7/2 10/2

이엘이 몰랐을까?'를 따져봐야 한다.

2015년에 WHO에서 발암 물질로 분류하고, 2017년에 몬산토 페이퍼가 공개됐지만, 바이엘은 2018년에 몬산토 인수를 완료한다. 바이엘은 이 위험을 이미 인지하고 있었다. 즉, 피해자가 아니었던 것이다.

위 그래프의 'Class action lawsuit 폭증, 주가 -40% YTD'는 집단 소송이 폭증하여 현재 연도의 시작부터 이 날까지 주가가 40% 폭락했다는 의미이다.

우리 투자자들은, ESG에 대한 위험을 인지하고 있어도, 그 영향을 알 수 없다는 데서 시사점을 얻어야 한다.

바이엘의 애널리스트들이 이 위험을 몰랐을 리도, 이를 분석하지 않았을 리도 없다. 다만, 이렇게나 큰 영향을 미칠 거라고는 미처 알지 못했던 것이다.

2018년을 기준으로, 2주 뒤에 이러한 판결이 날 거라는 건 당시 상상하기 어려웠던 부분이다. 그만큼 EGS의 위험은 분석하기가 어렵고 불확실성이 높다. 이 포인트가 가장 중요한 것이지만, 많은 이들이 몬산토 사례를 언급하면서 이러한 불확실성에 대해서는 언급하지 않고 넘어갈 때가 많다. 사실 몬산토나 바이엘 모두 이렇게 치명적인 결과가 나올 줄 몰랐을 것이다.

바이엘이 시나리오 테스팅을 안 해봤을 리 없고, 몬산토 입장에서도 당연히 분석을 해봤을 것이다. ESG 리스크에 대해 이해할 때 여기서 우리가 얻어야 하는 시사점은 단순히 몬산토가 잘못했고, 이런 기업을 피해야 한다는 것이 아니다. 이런 부분은 사후적인 것들이다.

이런 기업들이 이만큼의 전문성을 갖고도, 소송을 2015년 동안 4년 가까이 진행하고서도 결과를 예측할 수 없다는 게 핵심이다. 몬산토의 예를 보면 알 수 있듯이, ESG 리스크는 대응하는 것이 사실상 불가능에 가깝다고 봐야 한다.

Chapter 4

ESG라는 도구를
제대로 활용하는 법

ESG라는 리스크

그렇다면 앞서 살펴본 사례들을 투자 의사 결정을 할 때 어떻게 반영하고 이해해야 할까? 무조건 'ESG를 못하는 기업에는 투자하지 말라'라고 말하는 건 아니다. ESG를 못하는 기업이라도 분명 기회가 존재하기 때문이다.

그렇다면 ESG를 못하는 기업에도 투자를 해야 할까? 우리 투자자들은 단순히 ESG를 잘하는 기업에 투자하느냐, 못하는 기업에 투자하느냐로 결론을 내려서는 안 된다. 중요한 것은 ESG가 '리스크'로 작용할 수 있다는 점이다.

몬산토의 경우도 그랬듯이, ESG 위반은 실제로 주주 가치 하락으로 이어지기도 한다. 나쁜 ESG가 나쁜 수익률로 이어질 확률, 즉 잠재적 위험이 있는 것이다.

문제는 재무제표상에 나오는 정보와 달리, 잠재적 위험이 있는 사건들을 수치화하는 건 사실상 불가능에 가깝다는 점이다. 또한 이런 사건들이 투자자의 주의를 오래 끌지 못해 기억에 잘 남지 않기도 한다. 그러다 보니 밸류에이션(valuation)을 명확히 파악하기가 어렵다.

과소 반응하는 시장

몬산토의 경우, 2015년에 100명이 소송을 걸었다는 사실을 바이엘이 얼마나 잘 기억하고 있었을까? 바이엘이 몬산토를 분석할 때 분명 그 사실을 그리 오래 머릿속에 남아 있지 않았을 것이다.

어떤 ESG 위험은 투자자들이 충분히 신경 쓰지 못해 알고도 지나치게 된다. 투자자들의 정보 부족으로 필요한 만큼의 반응을 하지 않았던 것이다. 이런 과소 반응(underreaction)은 분명 시장에 존재한다.

100명이 소송을 건 결과는 매우 큰 영향을 끼쳤지만, 소송을 걸었을 당시에는 시장이 충분히 반응하지 못했다. 미래를 볼 수 있는 사람은 아무도 없기에, 이게 얼마나 큰 사건인지 당시에는 알 수 없었던 것이다. 다만 분명한 것은 사후적으로 평가를 할 때 시장이 충분히 반응하지 않았다는 사실이다.

그리고 위와 같은 일이 공개 정보가 될 때까지 주식은 고평가(overvalue)되어 있는 것이기에, 정보가 공개되는 순간 갑자기 주가가 폭락하게 된다.

경험에 근간한 근시안적 시각

그렇다면 투자자는 왜 이런 정보에 신경을 쓰지 못할까? 이에 대해서는 우선 '근시안적인 시각을 지녔기 때문'이라고 답할 수 있겠다. 특히 대부분의 개인 투자자들은 경험에 근간한 근시안적인 시각을 가지고 있는 경우가 많다.

유명 포털 사이트의 종목 게시판들을 들어가 보면, 수많은 개인 투자자들이 시간이 지난 정보를 잊어버리고 만다는 것을 쉽게 확인할 수 있다. 주식 보유 기간이 짧다 보니 벌어지는 일이다. 그리고 현재 발생한 이슈에 매몰되어버린다. 개인 투자자들의 가장 큰 문제라고 볼 수 있다.

시장에서 예전에 일어났던 일들이라 해도, 아직은 정리가 안 된 현재 진행형인 경우가 많다. 그럼에도 이미 시장에 해당 이슈가 반영되어 있다고 판단하고 간과해버리는 것이다.

몬산토의 사례에서도 마찬가지다. 이를 과거에 일어나 이미 시장에 반영이 다 된 사건이라고 생각하는 이들에게는 뭐가 문제인지, 의문일 것이다. 그러나 시장에는 그 모든 게 아직 다 반영되어 있지 않다. 시장은 과소 반응을 하고 있는 중이다.

플러스 알파의 수익
....

또한 공개된 정보의 불확실성(information opacity)도 존재한다. 공개된 정보와 애널리스트들의 추정치 사이에서도 불확실성은 언제나 존재한다.

애널리스트들이 항상 모든 기업에 대한 리포트를 쓰는 것은 아니다. 그들이 판단할 때 필요한 경우에만 리포트를 쓴다. 그러니 정보가 항상 있는 것도 아니다.

그렇다면 기업들은 이런 상황을 어떻게 여길까? 언뜻 생각하면 기업 입장에서 불편해할 듯싶지만, 실제로는 단기적으로 주식 부양에 도움이 되기 때문에, 이를 굳이 나서서 바로잡을 필요를 느끼지 못한다.

투자자 입장에서 이는 자산의 가격이 잘못 책정된 것이다(mispricing). 펀더멘탈에 기초해서 이런 단기적인 시각과 정보의 불확실성을 극복하게 되면, 투자자들은 장기 시계를 갖고 차익 거래(arbitrage)를 누릴 수 있게 된다.

시장에서 잘못 평가하고 있는 주식을 정확히 파악해 플러스 알파를 얻어내는 것이다. 여기서 알파란 바로 '초과 수익'이다.

역의 인과 관계를 주의하라

정리해보면, 시장은 ESG를 잘 못하는 기업에 대해 충분히 반응하지 않는다. 못한 ESG의 결론이 어떻게 날지 모르기 때문이다.

그러다 보니 고평가되어 있던 기업은 예상치 못한 (ESG 관련 포함) 새 위기가 등장하면 주가가 하락을 하게 된다.

투자자 입장에서는 단순히 ESG를 고려(considerations)

하는 게 기업의 가치 증대를 불러온다는 근거 없고 관습적(conventional)인 입장에 서기보다는, ESG가 기업의 가치를 더 정확히 평가하는 도구가 될 수 있다고 여기는 게 중요하다.

다만 이때 역의 인과 관계(Reverse Causality)가 문제가 될 수 있다. ESG를 잘하는 기업이 위험이 적어 수익이 좋은 걸까? 아니면 돈이 많은 기업이 ESG를 잘하는 걸까? 사실 이는 매우 큰 이슈다.

ESG를 잘하는 기업이 퍼포먼스가 좋다고 이야기하는 데에는 상관관계가 있는데, 단순히 퍼포먼스가 나쁜 기업이 ESG를 할 여유가 없는 것일 수도 있다. 그리고 퍼포먼스가 좋은 기업이라 ESG를 잘하는 것일 수도 있다.

즉, '기업의 퍼포먼스가 나빠져 ESG 예산이 깎이는 바람에 ESG를 못하게 된 것 아닐까?'라는 지점도 고민을 해봐야 한다. 이럴 경우, ESG가 사실은 가치를 창출하는 드라이버가 아니라는 뜻이기 때문이다. 이 부분은 항상 염두에 두고 살펴야 한다.

투자자가 던져야 할 질문들

기업을 분석하는 데 있어 가장 중요한 건, 그 기업에 대한 궁금증이다. 질문을 많이 던지고 대답하는 과정에서 기업과 산업에 대한 이해가 넓어지고, 그 넓어진 이해가 자신의 투자 의사 결정을 하는 근간을 이룬다. 그래서 이러한 기업 사례에서 투자자들이 던져야 할 질문들을 뽑아봤다.

첫째, 변환의 문제다. ESG와 기업 가치 투자 수익의 관계는 항상 높은 레벨에서만 이루어진다. 데이터를 한꺼번에 모두 모아놓고는, 그 둘이 상관관계가 있다는 것만 보여주는 경우가 많다.

그러나 각 기업들을 가치 평가할 때 ESG 유인을 어떻게 반영할 것인가는 사실 각 건마다 다르다고 할 수밖에 없다. 기업을 분석하는 일이 모두 똑같을 수가 없기 때문이다.

기업이 저마다 다르고, 그 기업이 만들어내는 물건도 모두 다르다. 그리고 기업이 영향을 받는 요인도 모두 다르다. 당연히 하나의 기준만으로는 기업을 분석할 수는 없다.

그렇기 때문에 특정 기업, 특정 산업을 분석할 때는

ESG 요인들을 어떻게 반영해야 할지 고민을 해봐야 한다. 평가 기관을 참조하든, PRI를 쓰든, 해당 ESG 척도를 얼마만큼 가치 할인 또는 할증을 할 것인지 결정을 하든, 직접적으로 현금 흐름이나 자본 비용의 변화를 가산하든, 이런 고민들은 투자자 본인이 저마다 해야 한다.

그리고 이 기업이 가진 ESG 위험을 내가 무릅쓸 만한지 고민해봐야 한다. 결국 ESG는 처음부터 말했던 것처럼, 비용과 위험의 문제로 귀결될 수밖에 없다.

규제 위험이 됐건, 환경 위험이 됐건, 소비자 위험이 됐건, 이런 위험들은 기업의 경제 활동에 상시 영향을 주는 게 아니라 어느 순간 매우 큰 위험으로 갑자기 대두될 수 있다. 바이엘 또한 몬산토를 구매할 때 같은 고민을 했을 것이다. 단지 그 결과가 틀렸을 뿐이다.

둘째, ESG의 매력적인 포인트 중 하나가, 장기적인 기업 가치를 증대시킨다는 것이다. 그렇다면 단기적인 투자의 시계를 가진 개인 투자자들의 경우에는 이런 지점을 고민할 필요가 없는 걸까? 여기서도 투자자는 고민이 필요하다.

ESG는 장기 투자니까, 한 달 만에 팔 주식이라면, 해당 기업의 ESG는 고려를 안 해도 되려나? 이런 부분도 고민을 해봐야 한다. 단기 투자 시계를 가진 투자자들이 ESG까지 보는 게 필요한지 또는 그렇지 않은지도, 투자자 본인이 판단을 해야 할 문제다. ESG를 열렬히 지지하는 사람들조차도, ESG 위험이 위기로 바뀌는 데 시간이 걸린다는 것은 인정하는 편이다.

셋째, 사실 이상과 현실 사이에는 괴리가 존재한다. 투자자가 모든 영역을 심도 있게 분석하고 관찰하는 것이 가능하긴 한 걸까?

예를 들어 몬산토의 경우에는 법학부터 화학, 의학, 농업 관련 지식이 모두 필요하다. 정말 이 모든 공부를 다 할 수 있을까? .

넷째, 제멜바이스 문제다. 어떤 한 개인이 정말 모든 영역을 연구해 유의미한 결론을 도출하고 '그래, 몬산토는 망할 거야'라고 확신을 가졌다고 쳐보자. 그렇다면 그렇게 판단을 한 투자자가 홀로 시장의 흐름을 거스를 수 있을까? 이에 대한 문제도 고민을 해봐야 한다.

위와 같은 예를 두고 '제멜바이스 문제'라고 한다. 어떤 한 개인이 정말 모든 영역을 연구해 유의미한 결론을 도출하고 '그래, 몬산토는 망할 거야'라고 확신을 가졌다고 쳐보자. 그렇다면 그렇게 판단을 한 투자자가 홀로 시장의 흐름을 거스를 수 있을까? 이에 대한 문제도 고민을 해봐야 한다. 제멜바이스는 수술을 할 때 소독을 해야 한다고 주장을 했던 사람이다. 당시에는 제정신이 아니라고 취급받다가 사망 후에야 제멜바이스가 맞았음이 밝혀졌다. 투자에서도 마찬가지다.

한 개인이 아무리 정확하게 파악을 했다고 하더라도, 시장의 흐름을 거스를 수는 없다. 단기 투자 시계를 가졌다면, 기업이 아무리 잘못된 곳이고 밸류에이션도 엉망이라 해도, 모든 사람이 그렇게 믿으면 그 가격이 된다. 이게 바로 수급의 문제다. 그러다 보니 개인이 아니라고 생각했을 때 어긋나도 수익이 안 날 수가 있다.

ESG는 매우 많은 문제가 복합적으로 얽히고설켜있기에, 그것을 하나하나 분리해 연구하다 보면, 서로 상충하게 되는 문제가 발생한다. 순환 논리의 오류에 빠지는 것이다. ESG는 장기적으로 봐야 하는데, 장기적으로 보려면 단기 투자도 봐야 하고, 확인해야 할 것이 많다.

이 논리의 흐름에 의해서 중간에 왜곡되는 이유는 어떻게든 ESG가 되어야만 한다는 대명제가 깔려 있기 때문이다. 투자자 입장에서 고민을 했을 때는 사실 ESG가 꼭 반영되어야 하는 건 아니다. 반영해야 할 때만 반영하면 된다. 물론 ESG가 중요하긴 하지만 항상 그에 매몰될 필요도 없다.

그러나 지금은 마치 ESG가 뭐든 해결해주고 수익도 장담할 수 있는 요술 방망이처럼 보이는 것 같다. 이런 관점에서 보지 않도록 스스로 꾸준히 경계해야 한다.

'생존을 위한 ESG 투자'라는 주제로 꽤 많은 이야기를 풀어놨다. 이 책은 분명 ESG와 관련된 금융 투자에 대해 설명했지만, 여기까지 읽은 독자라면 "그래서 투자를 해야 하는 거야, 하지 말아야 하는 거야?" 또는 "그래서 뭘 사면 되는 거야?"라는 질문을 스스로에게 던지고 있을지 모른다. 이 책은 독자들에게 '여기에 투자하세요'라고 찍어주지 않기 때문이다.

나에게는 종목을 찍어줄 의향도, 역량도 없다. 필승 투자 종목이 있다면 공유하기보다는 혼자 알고 투자하는 게 당연하지 않겠는가? 게다가 투자를 할 때 누군가 투자할 종목을 찍어준다면 비판적으로 생각해 보는 게 당연하다. 투자 결정에 대한 책임은 소중한 내 돈으로 지불해야 하기 때문이다. "도대체 왜 이걸 찍어주는 걸까?", "찍어줄 역량이 정말 있긴 한 것일까?", "내 현재 상황, 그리고 나의 포트폴리오에는 이 종목이 적합한 것일까?"와 같은 질문을 충분히 던져보고 고민해본 후 투자 의사 결정을 내려야만 한다.

이러한 맥락에서 이 책은 어느 종목에 투자를 하라든가, 언제 투자를 하라고 말하지 않는다. 투자 의사 결정을 내릴 때 이러한 종류의, 그리고 이 정도로 철저하고 엄격한 분석이 필요하다는 것을 보여주는 데 집중했다. 이 책이 전달하고자 하는 핵심 내용은 남들이 해주는 이야기나 소문을 어떻게 검증할 것인지에 대한, 투자 분석의 방법론인 것이다.

문제는 투자 방법론에 대한 논의만큼이나 구체적임에도 불구하고 뜬구름 잡는 이야기가 없다는 것이다. 왜냐하면 투자 방법론은 사례마다 다양한 방식으로 다르게 적용될 수 있는 데다가, 방법론의 난도가 너무 높게 느껴져 "내가 저런 분석을 할 수 있을까?"라는 거부감을 불러일으킬 수 있기 때문이다.

그럼에도 불구하고 이 책의 독자들에게 꼭 전달하고 싶은 메시지는 투자 의사 결정을 내릴 때 조금 더 치열하게 고민하고, 현실적인 측면과 디테일에 더 집중하고 더 공격적으로 분석하는 습관을 가져야 한다는 것이다. 결국 투자 의사 결정의 책임은 자기 자신에게 있기 때문이고, 그래야만 소중한 내 자산을 지키고 늘릴 수 있기 때문이다.

독자들이 '이 책을 읽고 치열한 분석의 중요성을 깨닫고 실천하게 되었다'라는 후기를 남겨준다면, 정말로 행복하고 뿌듯하고 또 보람찰 것 같다.

결론적으로 이야기하자면 (나를 포함해) 소위 ESG 전문가라고 하는 사람들이 해주는 이야기를 비판적 시각 없이, 자신 스스로의 분석 없이 받아들이는 것은 지양해야 한다고 생각한다.

투자자 여러분 모두의 행운을 빈다!

주요 키워드

책임 투자 원칙(PRI)

UN 책임 투자 원칙(PRI, Principles of Responsible Investment)은 투자 의사 결정을 하는 데 있어 ESG 이슈를 고려하는 것을 핵심으로 하는 투자 원칙이다. 2006년 당시 UN 사무총장인 코피 아난이 주도하여 만들어졌다. 책임 투자 원칙에는 다음의 6가지 항목이 있다.

1. 투자 분석과 의사 결정 과정에 ESG 이슈를 통합한다.
2. 투자 정책과 운용 방침에 있어 ESG 이슈를 통합하는 적극적인 투자자가 된다.
3. 투자 대상에 ESG 이슈와 관련한 정보 공개를 요구한다.
4. 투자 산업의 PRI 준수와 실행을 위해 노력한다.
5. PRI를 실행 시 그 효과가 증대되도록 상호 협력한다.
6. PRI 실행에 대한 활동 상황과 진행 사항을 보고한다.

ESG 투자를 윤리적인 관점이나 소비자 니즈의 관점으로 잘못 이해하는 경우가 많다. 그러나 ESG는 책임 투자 원칙을 근간으로 정립된 개념으로, 그 출발부터 '투자'에 속하는 것이다. 그러므로 최적의 투자 성과를 올리는 것을 최우선으로 여기는 선관주의 의무(善管注意 義務)를 저버려서는 안 된다. 수익을 내는 데 초점을 두지 않고 윤리적이기만 한 투자 선택을 하는 것은 ESG 투자가 아니다.

지속 가능성

ESG는 인류의 삶을 지속하기 위해 일궈온 노력들을 집대성한 것으로, 그 주체가 기업이라는 데 차별점이 있다. 기업은 환경(Environmental) 보호에 도움이 되도록 경영하고, 사회적(Social) 가치가 있는 일을 하며, 거버넌스(Governance)를 고려하고 실천해야만 한다. 과거에는 지속 가능성을 위한 이 모든 노력들을 기업의 자율에 맡겼다. 그러나 지구의 환경오염은 점점 더 심각해지고 있기에 이를 막아야 할 큰 필요성이 생겼다. 또한 노동자의 안전 문제나 인권, 성별 및 다양성 등에 있어 사회 전반적으로 의식이 높아지면서 이를 무시할 경우 큰 리스크를 감당할 가능성이 높아졌다. 마지막으로 건강한 사회를 위해 기업 윤리를 지키고 공정하게 경쟁하며 반부패를 지향해야 기업과 사회가 지속 가능할 수 있다. ESG는 이 모든 것을 통합해 금융적 기법 즉 투자를 통해서 기업에 이를 강제하고자 한다. 기업의 자유에 맡기기만 해서는 지속 가능성을 높일 수 없기 때문이다.

탄소 중립 선언(RE100)

RE100은 'Renewable Energy 100'의 줄임말로, 기업이 사용하는 전략의 100%를 탄소가 아니라 태양광이나 풍광 같은 재생 에너지로 충당하는 캠페인이다. 2014년, 세계의 기후 문제를 다루는 비영리단체 '기후 그룹(The Climate Group)'은 '탄소 공개 프로젝트(CDP, Carbon Disclosure Project)'와 함께 RE100을 시작하였다. 이 캠페인의 주요 목표 대상은 연간 전력을 100GWh 이상 소비하는 기업이다. '캠페인'이라는 명칭에서 알 수 있듯이 RE100은 강제성이 없으나, 애플, 구글, MBW 등 세계적 규모의 대기업 약 500여 곳이 참여하고 있다. 국내외 많은 기업 또한 RE100에 촉각을 곤두세우고 있다. RE100이 그린 택소노미에 대한 선제 대응으로 받아들여지기 때문이다.

택소노미

택소노미(Taxonomy)는 보통 녹색 분류 체계라고 번역된다. EU는 2020년 6월 '그린 택소노미'를 발표하였으며, 이는 친환경과 지속 가능성을 판별하는 기준이다. 기후 변화 리스크 완화, 기후 변화 리스크 적응, 수자원 및 해양 생태계 보호, 자원 순환 경제로 전환, 오염 물질 방지, 관리 생물 다양성, 이 6개 부문이 그린 택소노미 안에 포함된다. ESG 정보를 공개하는 기업은 택소노미에 따른 활동 및 성과 정보를 공개해야 하며, 기관 투자자와 금융 기관도 택소노미가 적용된 투자 및 금융 자산 비중을 공개해야 한다. 보통 '택소노미'는 그린 택소노미를 가리키지만, 소셜 택소노미나 거버넌스 택소노미 등도 등장할 가능성도 엿보인다.

ESG 채권

한국은 ESG 채권 발행이 매우 활성화된 국가다. ESG 채권의 종류에는 녹색 채권, 사회 성과 연계 채권, 지속 가능 채권, 지속 가능 연계 채권 등이 있다. 이 중 녹색 채권이 가장 오래되었으며, 녹색 채권이 발전한 형태가 ESG 채권이라 할 수 있다. 녹색 채권은 환경 친화적인 프로젝트에 투자할 재원을 마련하기 위해 발행되는 것이다. 탄소 감축, 건물 에너지 효율화, 신재생 에너지 등이 이에 속한다고 볼 수 있다. 녹색 채권으로 조달한 투자금은 이런 녹색 산업과 관련된 용도로만 쓰일 수 있어 자금 활용이 자유롭지 않으며, 프로젝트가 실패로 돌아가면 투자자가 손실을 볼 수도 있다. 사회 성과 연계 채권은 복지 등 사회적 사업과 관련된 자금을 조달할 때 발행하는 것이며, 지속 가능 채권은 녹색 산업이나 사회 지원 프로젝트에 사용될 자금을 조달하는 목적의 채권이다. 현재 가장 많은 관심을 받고 있는 것은 지속 가능 연계 채권으로, 다른 채권에 비해 그 성격이 독특하다. 이 채권이 지급하는 이자 액수가 발행 기업이 설정한 ESG 목표 달성 여부에 따라 달라지기 때문이다. 채권 발행 시 ESG 목표를 설정하고, 이 목표가 달성되면 낮은 이자를 지급하게 된다.

기후 금융

기후 변화 완화와 적응에 기여하는 금융 활동을 가리킨다. ESG 중 E에 속하는 금융이다. 한국의 경우 오래전부터 관련 정책이 시행되고 있으며, 탄소 배출권도 여기에 해당된다. 투자자들은 기후 리스크가 어떤 방식으로 영향을 미치는지 정확히 이해해야 한다. 기후 상태의 변화, 기상 이변 등은 기업의 인프라나 유형 자산에 물리적 피해를 입혀 손해를 발생시킬 수 있다. 이로 인해 근로자가 산업 재해를 입을 경우도 손실에 해당된다. RE100이나 에너지 기술 혁신 등의 실천으로 올라가는 비용이나, 탄소 배출을 감축하는 데 들어가는 비용 등도 기후 리스크에 해당된다. 기후 변화를 막기 위한 활동이기 때문이다. 기후 리스크와 관련된 사항을 투자 프로세스에 반영하는 자산 운용사로는 블랙록이 유명하므로, 관련된 정보를 꾸준히 주시할 필요가 있다. 기후 금융 상품의 전 세계 시장 규모는 현재 약 8,000억 달러로 추정되며, 이중 녹색 채권과 배출권 등 기후 관련 펀드 중심으로 시장이 형성되어 있다.

스크리닝

기본적인 투자 기법 중 첫 번째인 스크리닝(Screening)은 특정 조건을 부여해 어떤 주식이 되고, 어떤 주식은 안 될지 거르는 것을 의미한다. ESG 스크리닝의 예로 부정적인 사회 가치를 가졌다고 판단되는 기업을 거르는 것을 들 수 있다. 예를 들어 대량 살상 무기, 핵무기, 담배 기업 등은 투자 대상에서 배제하는 것이다. 다만 이러한 ESG 스크리닝은 투자자가 기대 수익을 극대화시키려 할 때, 수익률을 낮출 수만 있지 높일 수는 없는 방식이라는 점을 염두에 둘 필요가 있다.

인터그레이션

인터그레이션(Integration)은 기본적인 투자 기법 중 그 두 번째다. ESG 인터그레이션은 ESG 요인을 투자 결정에 반영함으로써 투자 수익률을 향상시키는 걸 목표로 한다. ESG 등급이 높은 기억들로 구성된 펀드, 기존 인덱스에서 ESG의 고등급 기업 비중을 확대한 펀드 등을 우선하는 것이다. 다만 여기서 주의할 점은, 기대 수익을 지나치게 높게 설정할 경우 ESG 요인이 무시될 수도 있다는 것이다.

그러나 제대로 된 ESG 인터그레이션은 ESG를 잘하는 기업에 메리트를 줌과 동시에 투자자 자신의 수익률 또한 보존할 수 있어야 한다.

임팩트 인베스팅

세 번째 기본적인 투자 기업인 임팩트 인베스팅(Impact Investing)은 투자 수익과 함께 사회, 환경 문제에 긍정적인 영향을 창출하는 것을 목표로 하는 투자를 의미한다. 특정한 문제를 해결하는 데 기여하는 기업, 채권, 프로젝트에 투자하는 것이다. 임팩트 창출을 목표로 하되 투자 수익도 함께 얻어가는 방식이다. 인터그레이션과 임팩트 인베스팅은 유사한 맥락을 지녔기에 함께 고려해야 한다.

스마트 베타 전략

스마트 베타 전략은 패시브 투자 전략과 액티브 투자 전략을 합친 것이다. 전자는 인덱스, 코스피 지수에 따라 투자를 하는 것이고, 후자는 개별 주식을 투자자 자신의 기대에 따라 사는 것이다. 이 두 가지를 합친다니, 언뜻 이해하기 어려울 수 있다. 일반적인 패시브 전략이 코스피나 시장 전체를 대변하는 인덱스들을 이용한다면, 스마트 베타 전략은 투자자가 생각하는 기준들로 인덱스를 새롭게 구성(액티브)하는 것이다. 여기서 그 기준은 장부가를 시가로 나눈 것이 될 수도 있고, 모멘텀이나 저변동성, 퀄리티 등이 될 수도 있다. 스마트 베타 전략은 위험 대비 수익을 향상시킬 수 있는 새로운 요인을 지수에 포함함으로써 기대 수익을 높이고 변동성을 줄일 수 있다. ESG 요인을 기반으로 한 스마트 베타 전략 또한 가능하다.

KI신서 11068

성공투자를 위한 선한투자의 법칙

1판 1쇄 인쇄 2023년 7월 28일
1판 1쇄 발행 2023년 8월 9일

지은이 홍기훈
펴낸이 김영곤
펴낸곳 (주)북이십일 21세기북스

콘텐츠개발본부이사 정지은
인생명강팀장 윤서진 **인생명강팀** 최은아 강혜지 황보주향 심세미
디자인 표지 지완 **본문** 푸른나무
마케팅2팀 나은경 정유진 박보미 백다희
출판영업팀 최명열 김다운 김도연
제작팀 이영민 권경민

출판등록 2000년 5월 6일 제406–2003–061호
주소 (10881) 경기도 파주시 회동길 201(문발동)
대표전화 031–955–2100 **팩스** 031–955–2151 **이메일** book21@book21.co.kr

© 홍기훈, 2023

ISBN 979-11-7117-023-4 04300
 978-89-509-9470-9 (세트)

(주)북이십일 경계를 허무는 콘텐츠 리더

21세기북스 채널에서 도서 정보와 다양한 영상자료, 이벤트를 만나세요!

페이스북 facebook.com/jiinpill21 **포스트** post.naver.com/21c_editors
인스타그램 instagram.com/jiinpill21 **홈페이지** www.book21.com
유튜브 youtube.com/book21pub

서울대 **가**지 않아도 들을 수 있는 **명강**의! 〈서가명강〉
'서가명강'에서는 〈서가명강〉과 〈인생명강〉을 함께 만날 수 있습니다.
유튜브, 네이버, 팟캐스트에서 '서가명강'을 검색해보세요!